니들 펠트로 제작하는 고양이 초상화
"와쿠네코" 만드는 법

니들 펠트 작가 **사치** 지음
이해란 옮김

Portrait of a cat made of needle felting
How to make "Wakuneco"
Wool felt artist Sachi

Foreword
들어가며

2015년 봄, 우연히 들른 수예점에서 난생처음 니들 펠트와 만났습니다. 저는 보호소에서 입양한 고양이 세 마리를 더없이 사랑하며 살고 있어서 니들 펠트 작품을 본 그 순간에 '나만의 고양이를 만들고 싶어!'라는 생각이 들었어요.

그때까지 일러스트레이터가 생업인 저는 일러스트 공부를 위해 수많은 초상화를 그렸습니다. 인물 초상화를 그릴 때 정면 구도로 그리면 증명사진처럼 운동감이 없어 보이기 때문에 설령 얼굴이 정면을 향하고 있을지라도 미세하게 기울기를 더하거나 몸에 각도를 넣는 정석 방식대로 그렸습니다. 하지만 니들 펠트 작품을 본 순간, 그 정석 방식을 무시하고, 증명사진 같은 흉상으로 제작해 보겠다고 마음먹은 것이 "와쿠네코"의 첫걸음이었습니다. 2016년부터 와쿠네코의 제작 과정을 유튜브에 올리기 시작하면서 감사하게도 저의 활동이 전 세계에 알려지게 되었습니다. 여러분이 보내 주신 응원이 있었기에 '와쿠네코 만드는 법'을 많은 분들에게 전해 드릴 기회가 저에게 찾아왔다고 생각해요.

이 책의 제목은 「니들 펠트로 제작하는 고양이 초상화 와쿠네코 만드는 법」이지만 니들 펠트는 제작자에 따라 표현이 천차만별로 다릅니다. 저도 제작할 때마다 과정이 달라져서 사실은 순서조차 확실히 고정되어 있지 않아요. 그러니 좀 막히는 부분이나 이해하기 어려운 부분이 있더라도 개의치 말고 여러분 나름대로 방식을 바꿔 보세요. 바꾼 방식으로 작품이 잘 제작된다면 그것이 정답입니다. 사람의 손으로 만드는 작품에는 그때 그 순간에만 생겨나는 분위기와 표정이 담깁니다. 똑같은 얼굴을 두 번 다시 만들 수 없다고 생각하면 어느 작품이나 애틋하게 느껴지기 마련입니다.

이 책을 통해 무언가 하나라도 저의 노하우가 전달되어, 여러분의 작품 제작에 도움이 된다면 저는 진심으로 행복할 것입니다.

와쿠네코 니들 펠트 작가 **사치**

How to Use
이 책을 사용하는 법

먼저 이 책을 읽는 법과 사용하는 법부터 소개하겠습니다.
걱정은 내려놓고, 즐기는 기분으로 시작해 보세요.
처음에는 어려워도 제작을 거듭할수록 이해되는 내용이 늘어난답니다.

이 책은 세 파트로 나뉩니다. 첫 번째 파트는 니들 펠트를 시작하는 데 필요한 준비 및 도구 소개와 기본적인 기법 설명, 두 번째 파트는 기본형인 하얀 고양이를 만드는 법, 세 번째 파트는 하얀 고양이를 응용해서 다른 고양이를 만드는 법입니다. 특히, 기본이 되는 하얀 고양이의 제작 과정을 자세히 다루어 이것을 바탕으로 다양한 고양이를 만들 수 있도록 구성했어요.

그리고 보통 저는 고양이의 흉상을 정사각형 액자에 담는 디자인으로 작품을 제작하지만 기본형에 자세를 넣으면 반신상이나 전신상으로도 변형할 수 있습니다.
기본형을 변형하는 여러 가지 방식도 소개해 두었으니, 여러분만의 디자인을 탐구하기 위한 참고 자료로 삼아 주세요.

Chapter 1   니들 펠트의 기본 이해하기

먼저 니들 펠트의 종류와 재료, 도구 및 도구를 사용하는 기본적인 방식과 기법을 알아봅시다. 곧바로 이해하지 못해도 괜찮아요. 만들다 보면 점차 익숙해질 테니까요.

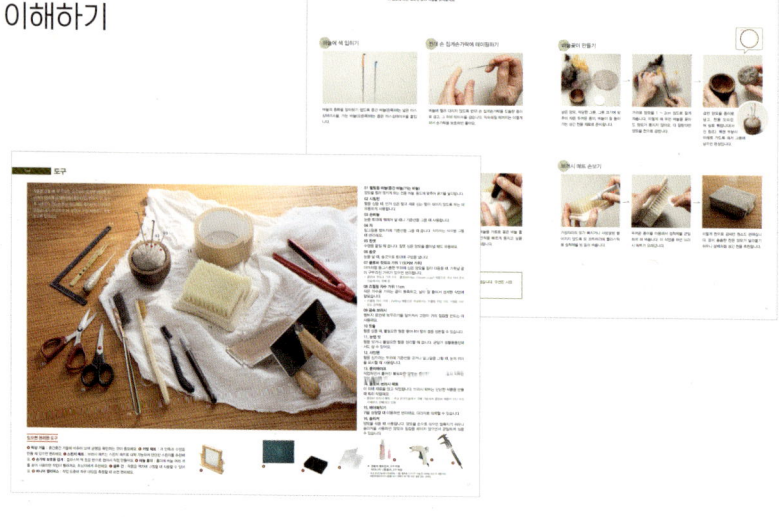

Chapter 2 하얀 고양이를 통해 와쿠네코의 기본 이해하기

Chapter 2에서는 첫 작품이 될 '하얀 고양이' 만드는 법을 설명합니다. 이해하기 쉽도록 부위별로 설명을 진행하였으니 하나씩 차근차근 만들어 보세요. 수염을 붙이는 법과 액자에 넣는 법은 Chapter 3 응용편에서 설명합니다.

Chapter 3 만드는 법을 응용해서 다양한 고양이 만들기

하얀 고양이 만드는 법을 알면 기본 기법을 조합하여 다양한 고양이를 만들 수 있습니다. Chapter 3에서는 각기 다른 네 마리의 고양이를 만들지만, 그것에 얽매이기보다는 자신이 좋아하는 고양이에 도전해 봅시다!

TRY! 만드는 법을 응용해서 다양한 고양이 만들기

과정을 따라가다 보면 "TRY!"라는 코너가 나올 거예요. 이 코너는 한 단계 높은 과정이라 초보자에게는 어려워요. 무리하지 말고 건너뛰셔도 됩니다.

Contents | 차례 |

들어가며 … 02
이 책을 사용하는 법 … 04

Chapter 1 니들 펠트의 기본
   재료 … 14
   양모의 종류 … 15
   도구 … 16
   준비 작업 … 18
   양모 섞는 법 … 20
   양모 뭉치는 법 … 22
   털 심는 법_곧게 찌르기 … 24
   털 심는 법_고리 찌르기 … 26
   털 심는 법_찔러 붙이기 … 28
   털 자르는 법 … 29
   액자 고르는 법·만드는 법 … 30
칼럼 1_'잘' 만들지 못해도 괜찮아요 … 32

Chapter 2 와쿠네코 만드는 법 | 기본편 |
   하얀 고양이 … 34
   눈 만드는 법 … 36
   귀 만드는 법 … 40
   토대 만드는 법 … 46
   털 심는 법 … 54
   완성도 높이기 … 64
칼럼 2_작품 만들기에 도전하는 여러분께 … 66

Chapter 3 와쿠네코 만드는 법 | 응용편 |
   아기 고양이 … 68
   장모 턱시도 … 76
칼럼 3_액자와 구도를 바꾸어서 당신만의 '작품'을 만드세요 … 84
   고등어태비 … 86
   장모 삼색이 … 96
   수염 만드는 법 … 100
   수염 붙이는 법 … 101
칼럼 4_수염은 붙이는 편이 나은가요? … 103
와쿠네코 작품집 … 104

나오며 … 110

White Cat
하얀 고양이

날렵한 모습과 새하얀 털이 아름다운 하얀 고양이. 부드러운 흰색 양모와 분홍색 양모 조합이 더없는 사랑스러움을 연출합니다.
만드는 법_34페이지

Kitten
아기 고양이

이쪽을 보며 고개를 갸웃하는 조그만 아기 고양이. 액자 저쪽에서 이쪽으로 넘어올 것 같은 모습이 귀엽습니다.
만드는 법_68페이지

Bicolor Cat

장모 턱시도

이쪽을 쳐다보는 늠름하고도 예쁜 눈동자.
마치 살아 있는 것처럼 복슬복슬한 털에서
고양이의 개성이 느껴집니다.
만드는 법_76페이지

Silver Tabby Cat
고등어태비
고양이라고 하면 역시 줄무늬 고양이가 대표적이지요. 공들여 심은 섬세한 무늬가 고등어태비의 매력을 발산합니다.
만드는 법_86페이지

Calico Cat
장모 삼색이

폭신한 털이 바람에 살랑이는 듯
보여서 무심코 빠져들어요. 삼색
이다운 색 조합을 감상해 보세요.
만드는 법_96페이지

Chapter 1

니들 펠트의 기본

Chapter 1에서는 니들 펠트를 시작할 때 가장 먼저 알아 두어야 할 내용을 설명합니다. 도구와 재료는 예산에 맞추어 조금씩 마련하는 것이 좋습니다. 여기에 적혀 있는 내용만이 정답은 아니기 때문에 참고할 만한 부분은 받아들이고, '이렇게 하는 것이 더 편하고 좋겠다' 싶은 부분은 자기 나름대로 바꾸는 것이 무척 중요합니다.

Material 재료

니들 펠트의 재료는 매우 단순합니다. 예산에 맞추어 수예점이나 온라인숍, 생활용품점 등을 찾아보세요.

토대용 양모
토대용으로 사용하는 양모(베이스 울)는 찔러서 뭉치기 쉬운 종류로 고릅니다. 수예점에서 구할 수 있는 하마나카의 '니들 와타와타'나 온라인숍 등에서 판매하는 '랑부예 울'(랑부예메리노 품종의 양모로 국내 판매는 없는 듯함)을 추천해요.

양모
색상의 수가 많은 메리노 울, 감촉이 독특한 모헤어 등 종류가 다양합니다. 이 책에서는 몇 가지밖에 사용하지 않으니 익숙해지면 이것저것 시도해 보세요. 신선한 발견이 뒤따를 거예요.

펠트지
토대를 만들거나 고양이의 귀를 만들 때 사용해요. 토대에 사용하는 펠트지는 나중에 잘라내므로 어떤 색이든 상관없어요.

액자
처음에는 엽서 크기 ~ 5R(127mm×178mm) 크기 정도가 만들기 쉽습니다. 점차 취향에 맞는 액자를 찾아보세요.

천
액자의 색과 분위기에 맞추어 고릅니다. 배경이 되는 재료이므로 주름지거나 늘어나지 않는 천을 추천해요.

블러셔
고양이의 코를 비롯하여 옅은 분홍색을 넣고 싶은 부위에 사용하면 좋아요. 균일가 생활용품점에서도 살 수 있습니다.

플라스틱 인형 눈
동공 주변을 자유롭게 색칠해서 사용해요. 이 책에서는 레진으로 직접 눈을 만드는 법도 소개합니다.

매니큐어
눈을 만들 때 씁니다. 몇 가지 색을 섞어서 색감을 조절해요. 펄이 들어간 매니큐어를 메인 컬러로 쓰면 눈동자에 음영이 생깁니다.

실
토대에 눈을 달 때 사용해요. 쓰기 편한 것으로 고르면 됩니다.

세탁풀
고양이의 귀를 빳빳하게 만들 때 사용해요. 드럭스토어에서 사도 상관없어요.

접착제
수염을 붙이거나 액자 뒤판에 천을 고정할 때 사용합니다.

Wool — 양모의 종류

먼저 자기가 만들고 싶은 고양이의 색과 무늬를 살펴본 후 양모를 고르세요. 색상 샘플은 색 선택에 참고가 되므로 판매가 되고 있다면 구입해 두는 편이 편리합니다.

양모는 그림물감처럼 섞어서 사용하는 것이 중요

위 사진은 이 책에서 귀, 코, 입, 아이라인에 사용한 양모입니다. 전부 분홍색 계열이지만, 한눈에도 채도와 명도가 제각각이지요. 양모는 그림물감 같은 재료입니다. 단색으로 쭉 심는 것이 아니라 여러 색을 섞어서 심으면 색채도 풍부해집니다. 이것은 어떤 색이든 마찬가지예요. 처음에는 몇 가지 색으로만 완성해 보고, 익숙해지면 서서히 이런저런 색을 섞어 봅시다.

분량은 10g이면 작품 하나를 완성하고도 남으니 10g을 기준으로 하면 됩니다. 양모는 품절되는 경우도 있으니 마음에 드는 제품은 대량 구매해 두는 것이 좋습니다.

흰색·검은색 양모의 경우

흰색·검은색 양모는 아래의 세 종류를 주로 추천합니다. 소재마다 특징이 다르므로 목적에 따라 구분해서 사용하세요.

메리노 울
색상이 많고, 부드럽고, 심기에 편한 양모. 단, 마찰이 가해지면 부스스해지기도 합니다. 손상되지 않도록 몇 종류를 섞어서 사용하는 것을 추천해요.

심는 양모 스트레이트
적당히 탄력이 있어서 메리노 울보다 가지런히 정돈하기가 쉬우며 곧은 털을 표현하는 데 알맞습니다. 메리노 울과 혼합하여 감촉에 변화를 줄 수도 있어요.
· 심는 양모 스트레이트 : 하마나카의 '식모 스트레이트'라는 제품인데, 국내에서는 심는 양모 스트레이트라는 이름으로 판매 중

모헤어(이 책에서는 장모종에만 사용)
광택이 나는 소재입니다. 검은 털을 표현하고 싶을 때 쓰면 좋아요. 심기 어려운 편이어서 토대를 단단하게 뭉치지 못하는 초보자가 사용하기는 다소 어렵습니다. 조금씩 섞어 질감을 조절하는 용도로 쓰는 것이 좋습니다.

Wakuneco's Point

이 책에서 사용하는 흰색·검은색·분홍색 양모 리스트

흰색·검은색(소재 종류【브랜드명】)		분홍색(소재 종류【브랜드명】)	
메리노 울	【소메테이크】 https://www.sometake.com	메리노 울/섀도 로즈(Shadow Rose)	【소메테이크】
심는 양모 스트레이트	【하마나카】 http://hamanaka.jp	메리노 울/푸아그라(Foie Gras)	【소메테이크】
모헤어(장모종 한정)	【파오(양모 공방)】 http://www.pao-hituji.com/akagi	메리노 울/새벽(Dawn)	【소메테이크】
		랑부예 울/퍼프(Puff)	【페렌데일 가카쿠라】 https://www.perendale.net

Tool

도구

작품을 만들 때 꼭 필요한 도구부터 있으면 편리한 도구까지 단숨에 소개하겠습니다. 다만, 반드시 이 도구를 사용해야 한다는 뜻이 아니에요. 얼마든지 바꾸어도 괜찮습니다. 이것저것 써 보면서 가장 사용하기 편한 도구를 찾으세요.

있으면 편리한 도구

ⓐ **탁상 거울** : 중간중간 거울에 비추어 보며 균형을 확인하는 것이 중요해요. ⓑ **커팅 매트** : 귀 안쪽과 수염을 만들 때 있으면 편리해요. ⓒ **스펀지 매트** : 브러시 매트는 스펀지 매트로 대체 가능하며 단단한 스펀지를 추천해요. ⓓ **손가락 보호용 집게** : 플라스틱 팩 등을 반으로 접어서 직접 만들어요. ⓔ **바늘 홀더** : 홀더에 바늘 여러 개를 꽂아 사용하면 작업이 빨라져요. 초보자에게 추천해요. ⓕ **글루 건** : 작품을 액자에 고정할 때 사용할 수 있어요. ⓖ **버니어 캘리퍼스** : 작업 도중에 좌우 대칭을 측정할 때 쓰면 편리해요.

ⓐ

01 펠팅용 바늘(중간 바늘/가는 바늘)
양모를 찔러 엉키게 하는 전용 바늘. 용도에 맞추어 굵기를 달리합니다.

02 시침핀
털을 심을 때, 먼저 심은 털과 새로 심는 털이 섞이지 않도록 하는 데 유용하게 사용합니다.

03 손바늘
눈을 토대에 꿰매어 달 때나 기준선을 그을 때 사용합니다.

04 자
밑그림용 펠트지에 기준선을 그을 때 씁니다. 직각자는 직각을 그릴 때 편리해요.

05 핀셋
수염을 붙일 때 씁니다. 잘못 심은 양모를 뽑아낼 때도 유용해요.

06 송곳
눈을 달 때, 송곳으로 토대에 구멍을 냅니다.

07 클로버 컷워크 가위 115(커브 가위)
이마처럼 둥그스름한 부위에 심은 양모를 잘라 다듬을 때, 가윗날 끝이 구부러진 가위가 있으면 편리합니다.
- 클로버 컷워크 가위 115 : 클로버(https://clover.co.jp/) 제품으로 국내 여러 온라인숍에서도 판매 중

08 즈윌링 자수 가위 11cm
작은 자수용 가위는 끝이 뾰족하고, 날이 잘 들어서 섬세한 작업에 알맞습니다.
- 즈윌링 자수 가위 : Zwilling 제품으로 국내에서는 '즈윌링 주방 가위, 가정용 가위'로도 검색됨

09 금속 브러시
펠트지 표면에 보푸라기를 일으켜서 고양이 귀의 질감을 만드는 데 사용해요.

10 칫솔
털을 심을 때, 불필요한 털을 떨어내어 털의 결을 정돈할 수 있습니다.

11. 눈썹 빗
털을 빗거나 불필요한 털을 정리할 때 씁니다. 균일가 생활용품점에서도 살 수 있어요.

12. 사인펜
털을 심으려는 부위에 기준선을 긋거나 밑그림을 그릴 때, 눈의 위치를 표시할 때 사용합니다.

13. 종이테이프
작업하면서 흩어진 불필요한 양모는 종이테이프로 부지런히 치우는 것이 중요합니다.

14. 클로버 브러시 매트
이 위에 재료를 얹고 작업합니다. 브러시 매트는 단단한 작품을 만들 때 특히 적합해요.
- 클로버 브러시 매트 : 국내 온라인숍에서 구매 가능하며 클로버 제품이 아닌 브러시 매트도 판매되고 있음

15. 헤어매직기
귀를 성형할 때 이용하면 편리해요. 다리미로 대체할 수 있습니다.

16. 슬리커
양모를 섞을 때 사용합니다. 양모를 손으로 섞으면 얼룩지기 쉬우나 슬리커를 사용하면 양모의 질감을 해치지 않으면서 균일하게 섞을 수 있습니다.

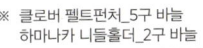

※ 클로버 펠트펀처_5구 바늘
하마나카 니들홀더_2구 바늘
- 국내 온라인숍에서 판매되는 '니들 펠트용 5구/2구 바늘'은 대부분 위의 두 제품이며 제품명(펠트펀처/니들홀더)이 정확히 표기된 곳은 별로 없는 상태임

Preparation 준비 작업

도구는 그대로 사용해도 좋지만, 약간 손을 보면 더욱 편하게 사용할 수 있습니다. 이번에는 제가 평소에 하는 소소한 준비 작업을 소개할게요.

바늘에 색 입히기

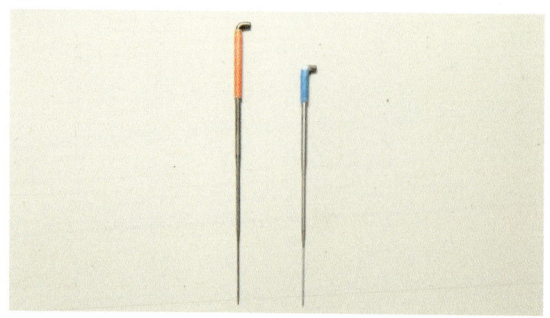

바늘의 종류를 알아보기 쉽도록 중간 바늘(왼쪽)에는 넓은 마스킹테이프를, 가는 바늘(오른쪽)에는 좁은 마스킹테이프를 붙입니다.

반대 손 집게손가락에 테이핑하기

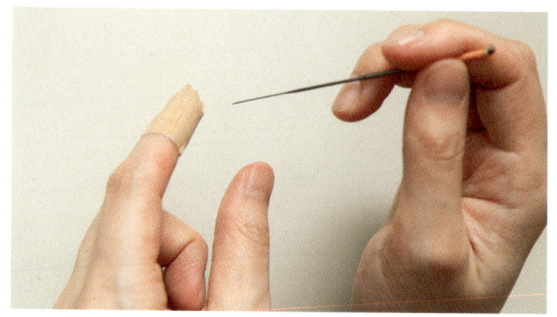

바늘에 찔려 다치지 않도록 반대 손 집게손가락을 도톰한 종이로 감고, 그 위에 테이프를 감습니다. 익숙해질 때까지는 이렇게 해서 손가락을 보호하면 좋아요.

바늘 홀더 만들기

 → 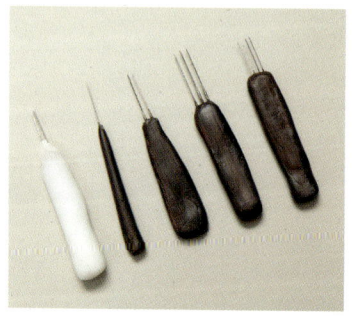 →

점토로 바늘 홀더를 만듭니다. 점토를 손가락으로 주물러 부드럽게 만든 뒤 잡기 편한 모양으로 성형을 합니다.

바늘 홀더를 직접 만들면 바늘의 개수와 간격을 마음대로 조절할 수 있답니다. 바늘을 2개 이상 꽂는 경우에는 가는 바늘이 알맞습니다.

여러 개의 바늘을 가로로 꽂은 바늘 홀더는 넓은 면적을 빠르게 뭉치고 싶을 때 힘을 발휘합니다.

\ Note! /

힘 조절을 할 줄 모르는 상태에서 점토로 바늘 홀더를 만들면 자칫 바늘이 구부러지거나 부러지기 쉽습니다. 우선은 시판 제품을 쓰면서 감을 잡아 보세요. 시판 바늘 홀더는 부러진 것만 새 바늘로 교체할 수가 있습니다.

바늘꽂이 만들기

남은 양모, 적당한 그릇, 그릇 크기에 맞추어 자른 두꺼운 종이, 바늘이 잘 들어가는 성긴 천을 재료로 준비합니다.

가위로 양모를 1~2cm 정도로 잘게 자릅니다. 이렇게 해 두면 바늘을 꽂아도 양모가 뭉치지 않아요. 다 잘랐다면 양모를 천으로 감쌉니다.

감싼 양모를 종이로 덮고, 천을 오므린 뒤 실로 꿰맵니다(사진 참조). 꿰맨 부분이 아래로 가도록 해서 그릇에 담으면 완성입니다.

브러시 매트 손보기

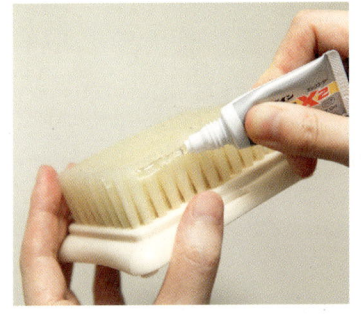

가장자리의 모가 빠지거나 사방팔방 벌어지지 않도록 모 끄트머리에 플라스틱용 접착제를 빙 둘러 바릅니다.

두꺼운 종이를 이용해서 접착제를 균일하게 펴 바릅니다. 이 작업을 하면 브러시 매트가 오래갑니다.

이렇게 천으로 감싸면 청소도 편해집니다. 올이 촘촘한 천은 양모가 달라붙기 쉬우니 삼베처럼 성긴 천을 추천합니다.

| How to blend | **양모 섞는 법** | 양모로 작품을 제작하려면 '양모 섞는 법'을 꼭 알아야 합니다. 슬리커는 크기가 다양하며 너무 크지 않은 것이 편하게 사용하기 좋습니다. |

두 가지 색을 고르고, 첫 색 세팅하기

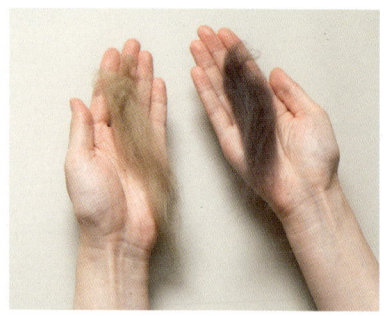 →

섞고 싶은 양모를 따로 나누세요. 손바닥에 가볍게 얹히는 정도가 적당량입니다. 첫 번째 양모를 슬리커에 끼운 다음 위부터 조금씩 당겨 풀어냅니다. 당길 때는 일정한 방향으로 부드럽게 당겨야 해요. 힘을 주어서 무리하게 잡아당기면 안 됩니다.

나머지 색을 세팅하고, 한 방향으로 풀기

 →

세팅이 끝난 첫 번째 양모에 두 번째 양모를 얹고, Step 1과 똑같은 방법으로 세팅합니다. 세팅이 끝났다면 다른 슬리커를 양모 끄트머리에 댄 다음 두 가지 색을 섞는다는 느낌으로 당기세요. 양쪽 슬리커를 번갈아 당기면서 조금씩 섞어 줍니다.

Wakuneco's Point

끄트머리에서 중앙을 향해 천천히

슬리커를 당길 때는 양모 끄트머리부터 시작해서 천천히 중앙을 향해 나아갑니다(사진 1 ~ 4 순서). 이것을 5 ~ 6번 반복하면 두 가지 색이 완전히 섞입니다. 만약 덜 섞인 느낌이 든다면 같은 작업을 몇 번 더 반복하여 원하는 색으로 완성하세요. 단, 얼룩 고양이를 만드는 경우에는 덜 섞인 상태에서 멈추는 편이 실제 고양이에 가까운 자연스러운 무늬를 표현할 수 있습니다.

Step 3 돌돌 말아서 빼기

양모가 다 섞였다면 양모를 슬리커 안쪽에서 바깥쪽으로 돌돌 말듯이 접어 빼내세요. 이때 요령은 슬리커에 꿰인 양모를 되도록 전부 빼내는 것이랍니다. 이렇게 말아 놓으면 사용할 때 빠르게 꺼낼 수 있어요.

Step 4 다시 세팅하고 Step 1 ~ Step 3을 반복하기

필요한 분량이 완성될 때까지 여러 번 슬리커에 양모를 세팅하고, Step 1 ~ Step 3의 작업을 반복합니다. 양모의 양이 너무 많으면 섞을 때 요령이 필요하므로 익숙해지기 전에는 적은 양부터 시작해 보세요. 양모가 제대로 섞이면 가운데 양모 사진과 같은 중간색이 됩니다.

\ Note! /

이리저리 당기는 것은 NO!

어떻게든 섞으려고 슬리커를 이쪽저쪽으로 움직이면 양모가 잘 섞이지 않을 뿐만 아니라 뚝뚝 끊어집니다. 무리해서 섞었다 하더라도 덩어리가 생기거나 폭신한 질감이 사라지고 말아요. 있는 힘껏 잡아당기는 것도 물론 안 됩니다.

How to needle

양모 뭉치는 법

니들 펠트 전용 바늘은 끝부분에 홈이 패여 있어서 그 홈에 양모가 걸려 서로 엉키게 만들어 부드러운 양모를 단단하게 뭉쳐 주지요.

기본 자세

사진처럼 손가락으로 양모를 꽉 압축하여 어느 정도 단단해진 곳을 바늘로 찌릅니다. 이 동작은 단단한 토대를 만드는 데 매우 중요합니다.

NG 사례

손가락으로 누르기만 하고 압축하지 않으면 뭉치는 시간이 길어질 뿐만 아니라 고르게 단단해지지 않아서 좋은 토대를 만들 수 없어요.

바늘 잡는 법

바늘 윗부분을 엄지손가락과 집게손가락으로 잡습니다. 너무 어렵게 생각하지 말고, 찌르기 편한 각도로 잡으세요. 익숙해지기 전에는 툭하면 바늘이 부러져 버리지만 힘 조절에 익숙해지고 나면 부러지는 횟수가 줄어듭니다.

양모 뭉치기 Q & A

Q : 토대에는 양모가 얼마나 필요한가요?

A : 작품 크기의 5배 분량을 준비하세요.

사진상으로는 부피가 많아 보이지 않지만, 자신이 만들려는 작품 크기의 약 5배 분량을 준비하세요. 토대용 양모는 잘 뭉치면 확연히 압축되어 실제 부피의 5분의 1 정도로 줄어듭니다. 이불 압축팩을 떠올리면 이해하기 쉽답니다.

Q : 얼마나 단단하게 뭉쳐야 하나요?

A : 꾹 눌러도 움푹 들어가지 않아야 해요.

왼쪽은 5구 바늘로 30분간, 오른쪽은 바늘 하나로 5분간 찔러서 뭉친 결과물입니다. 한눈에도 왼쪽이 형태가 분명하고 속까지 단단해 보이지요. 이 정도가 제일 좋습니다.
겉보기에는 왼쪽처럼 보여도 눌렀을 때 움푹 들어간다면 아직 무른 상태입니다. 처음에는 단단하게 뭉치기가 꽤 어려울 거예요. 연습을 거듭해서 튼튼한 토대를 만들어 봅시다.

토대가 무르면…

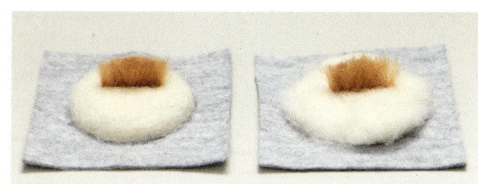

왼쪽이 완전히 뭉친 토대이고, 오른쪽이 덜 뭉친 토대입니다. 양모를 심은 직후에는 어느 쪽이나 털이 가지런해 보이지만 사흘 정도 지나면 차이가 생깁니다.

↓

2주 뒤 사진

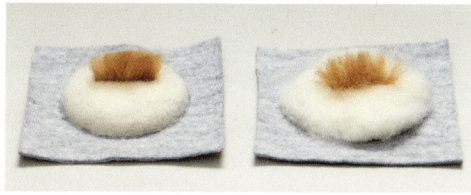

왼쪽은 양모가 곧게 서 있으나, 오른쪽은 쩍 벌어져 있습니다. 토대가 무르면 양모가 자립하지 못하기 때문입니다. 이처럼 토대를 단단하게 만드는 것은 형태를 아름답게 완성하기 위해서도, 오래가는 작품을 만들기 위해서도 매우 중요한 작업입니다.

\ Note! /

토대가 단단해지지 않는 원인

토대가 무르다면 아래에 적힌 사항을 확인해 보세요.
- 손가락으로 압축하지 않았는지?
- 찌르는 횟수가 부족하지는 않았는지?
- 푹신푹신한 매트를 사용한 것인지?
- 균일하게 찌르지 않아서 군데군데 뭉치지는 않았는지?

Technique 털 심는 법

제가 즐겨 사용하는 니들 펠트 기법 3가지를 소개하겠습니다. 단단한 토대에 양모를 균일하게 심는 것이 아름다운 털을 표현하는 요령이랍니다.

곧게 찌르기

'곧게 찌르기'는 주로 고양이의 얼굴 옆면부터 주둥이 부근, 몸에 사용하는 기법입니다. 토대에 심은 양모를 가위로 짧게 잘라 다듬으면 단모종 고양이 털, 가볍게 숱을 치듯이 다듬으면 장모종 고양이 털이 되지요. 털을 잘못 심었을 때는 핀셋으로 모근부터 뽑아내면 다시 심을 수 있습니다. 바늘은 중간 바늘이든 가는 바늘이든 굵기에 상관없이 사용하기 편한 것을 사용하세요.

이 부위에 사용합니다.

솟은 털 표현하기

1. 집게손가락 한 마디를 기준으로 양모를 집습니다.

2. 집은 양모를 토대에 얹고, 바늘로 중앙을 가늠합니다.

3. 집게손가락과 가운뎃손가락으로 양모를 누르고, 중앙을 찌릅니다.

4. 중앙을 일직선으로 곧게 찌르면 양 끝이 위로 솟습니다.

5. 위로 솟은 털 다발을 바늘로 젖혀 오른쪽으로 눕힙니다.

6. 모근(털이 박힌 부분)을 찔러 고정합니다.

7. 이번에는 털 다발을 왼쪽으로 눕히고, 반대쪽에서 모근을 찔러 고정합니다.

8. 털 다발이 토대에 완전히 고정되었습니다.

9. 다른 색 털을 추가할 때는 먼저 심은 털 다발의 모근에서 약 5mm 떨어진 곳에 심으면 깔끔하게 마무리됩니다.

심을 위치를 정했다면 ❷~❽의 작업을 반복합니다.

또 다른 방향에서 다른 색 털을 심고, 앞에서 한 것과 마찬가지로 모근을 단단히 고정합니다.

털 심기가 끝났다면 3색 털을 한데 모아서 가위로 싹둑 자릅니다.

자르면 무늬가 나타납니다. 자신이 만들려는 작품의 털 무늬에 가까워지도록 단면을 가위로 세심하게 다듬어 줍니다.

누운 털 표현하기

곧게 찌르기로 심은 털 다발을 그대로 눕히면 털의 결을 바꿀 수 있습니다. 먼저 ❶~❹와 같이 중앙을 찌릅니다.

털을 원하는 방향으로 눕힌 뒤 모근을 찔러 고정합니다.

털을 추가할 때는 약 5mm 간격으로 가지런히 심어 주세요. 이렇게 하면 자연스러운 털의 결을 표현할 수 있습니다.

Wakuneco's Point

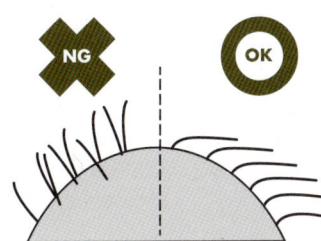

털은 눕히듯이
몸의 중앙이나 얼굴에 털을 심을 때는 털 다발을 세우지 않고 바깥쪽으로 눕히듯이 심는 것이 중요한 포인트입니다.

Technique 털 심는 법

고리 찌르기

소량의 털을 심는 '고리 찌르기'는 이마에 난 무늬처럼 섬세한 문양을 표현할 때 사용하는 기법입니다. 곧게 찌르기와 달리 상당히 자유롭게 털을 심을 수 있어서 줄무늬 고양이나 얼룩 고양이의 복잡한 무늬를 만드는 데도 알맞아요. 털을 5mm 간격으로 심으며, 이 간격을 좁히면 무늬가 곧고 뚜렷해지고, 넓히면 얼룩덜룩해지므로 원하는 대로 간격을 조정하세요.

이 부위에 사용합니다.

소량의 양모를 엄지손가락과 집게손가락으로 잡습니다.

몽실몽실한 양모가 한 가닥이 되도록 손끝으로 가볍게 꼬아 줍니다.

꼰 양모를 살짝 비틀어 접어서 고리 모양으로 만듭니다.

바늘 끝을 고리에 넣습니다.

고리를 당기면서 바늘로 찔러 토대에 심습니다.

여러 번 더 찔러서 단단히 고정합니다.

털 다발을 오른쪽으로 눕히고, 모근을 거듭 찔러 보강합니다.

털 다발을 왼쪽으로 눕히고, 7과는 반대쪽에서 모근을 보강합니다.

털 다발을 잡아당겨서 잘 고정되었는지 확인합니다.

다른 색 털을 추가합니다. 처음 심은 위치에서 5mm 떨어진 곳에 ⑤ ~ ⑧의 요령으로 털을 심습니다.

재차 5mm 간격으로 털을 심고, 같은 과정을 반복합니다.

다른 색 털을 다 심었다면 가위로 반듯하게 자릅니다.

자른 단면을 위에서 보면 무늬가 생긴 것을 볼 수 있습니다.

이번에는 반듯하게 잘랐지만, 작품의 털 무늬에 맞추어 다듬어 주면 됩니다.

\ Note ! /

토대가 무르면 털이 빠져 버려요.

토대가 충분히 단단하지 않으면 똑같이 작업해도 털이 토대에 잘 고정되지 않습니다. 이런 경우에는 일단 털을 전부 뽑아내고, 토대를 더 단단하게 뭉친 뒤 다시 심으세요.

Technique 털 심는 법

찔러 붙이기

토대를 만들 때처럼 양모를 찔러 고정하는 '찔러 붙이기'는 주둥이 주변의 표정이나 무늬를 표현할 때 무척 유용한 기법입니다. 이 기법으로 양모를 얇게 여러 겹 포개면 슬리커로 섞은 양모와는 또 다른 색감을 표현할 수도 있어요. 찔러 붙이기가 잘 안 되는 경우에는 토대를 더욱 단단하게 만들어 주세요.

이 부위에 사용합니다.

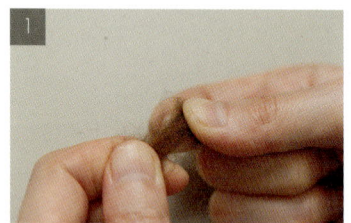

1. 심기 편한 분량의 양모를 손가락으로 잘게 찢습니다.

2. 토대에 얹은 뒤 표면을 찌릅니다. 이 작업에는 18페이지에서 소개한 수제 바늘 홀더가 유용합니다.

3. 손가락이나 바늘 끝으로 표면을 골고루 문질러서 바늘 자국이 두드러지지 않도록 해 줍니다.

4. 윗부분에 다른 색 양모를 찔러 붙입니다. 경계선을 흐리게 하고 싶다면 그 부분은 찌르지 말고 그대로 둡니다.

5. 경계선 이외의 부분을 충분히 찔러 붙였다면 눈썹 빗으로 여분의 털을 빗어 정돈합니다.

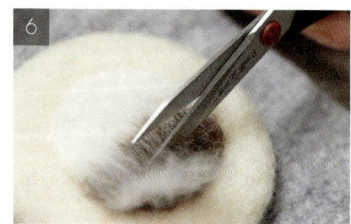

6. 빗어 내린 여분의 털을 가위로 자릅니다.

7. 자연스러운 털 모양이 완성되었습니다.

NG 실패 사례
- 흰색에 다른 색이 섞여서 지저분해 보여요.
- 양모를 잘게 찢지 않아서 거칠어 보여요.
- 갈색 양모가 제대로 섞이지 않아 얼룩져 보여요.
- 바늘 자국이 두드러져 보여요.

How to cut · 털 자르는 법

토대에 심은 털을 가위로 정성껏 다듬으면 질감이 보송보송해집니다.

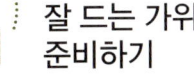 **잘 드는 가위 준비하기**

반드시 끝이 뾰족한 수공예용 가위를 사용하세요. 문구용 가위로는 단면이 깔끔하게 잘리지 않습니다.

 **미리 많이 연습하기**

가능하면 연습용 토대를 만들어서 자르는 연습을 미리 해 보세요. 가위를 깊게 넣어 자르거나 표면을 세밀하게 다듬는 작업을 반복하여 털 자르기에 익숙해지는 것이 중요합니다.

 **자신의 감각을 존중하기**

"완만하게 자르세요"라고 적혀 있어도 그것을 어떻게 받아들이느냐는 제각기 다릅니다. 여러 번 연습해 보면서 감을 잡으세요.

 **실패를 두려워하지 않기**

자르는 요령을 당장 파악하기란 불가능합니다. 실패는 당연한 과정이에요. 많이 실패하겠다는 각오로 해 봅시다.

 **도중에 포기하지 않기**

사실 하나의 순서를 완성하는 데는 상당히 긴 시간이 걸립니다. 한번에 성공하지 못하더라도 포기하지 말아주세요.

윤곽의 곡선이 또렷해지도록 커브 가위로 털을 잘라 줍니다. 밑그림이 있다면 그 선에 맞추어 자릅니다.

표면을 다듬을 때는 가위를 섬세하게 움직여야 합니다. 표면이 완만해지도록 털의 결을 따라 조금씩 자릅니다.

가위를 2의 화살표 방향과 반대되게 들고 자르면 털에 층이 생겨서 가지런히 정돈되지 않습니다.

Frame

액자 고르는 법 · 만드는 법

작품을 만드는 것과 똑같은 열정으로 액자를 포함한 '자기 스타일'을 생각해 봅시다. 이번에는 제가 중요하게 여기는 사고방식을 소개할게요.

액자 고르는 법

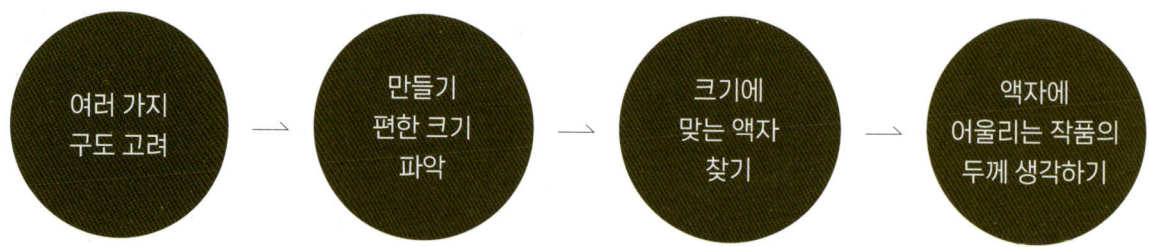

여러 가지 구도 고려 → 만들기 편한 크기 파악 → 크기에 맞는 액자 찾기 → 액자에 어울리는 작품의 두께 생각하기

이미지를 구체적으로 정하고, 자신만의 스타일을 찾아보세요.

액자를 고를 때 가장 중요한 점은 '작품 크기와 액자의 균형'입니다. 고양이의 자세와 구도에 따라 어울리는 액자가 달라지므로 작품의 이미지를 파악하기 위해 미리 완성작의 러프한 스케치를 그려 보는 것도 추천해요.

작품의 크기는 큰 사이즈를 만들기 쉽다고 느끼는 사람이 있는가 하면, 작은 사이즈가 만들기 편하다고 느끼는 사람도 있습니다. 처음에는 엽서 ~ 5R 크기 정도로 만들어 보고, 그것을 기준으로 더 작거나 큰 크기에 도전하면 자연스럽게 '자신이 만들기 편한 크기'를 알게 됩니다. 작품의 방향성이 정해지면 그 이미지에 맞는 액자를 찾아야 하지만, 이 과정이 만만치 않습니다. 액자의 모양뿐만 아니라 소재는 무엇이 좋을지 등, 고려해야 할 사항이 너무 많아서 갈피를 잡기 어렵거든요. 실제로 '와쿠네코'도 그랬어요. 수많은 액자를 사고, 다양한 구도로 만들어 보고, 저에게 가장 알맞은 스타일에 도달하기까지 반년 이상이 걸렸습니다. '이거다!' 싶은 액자를 발견하기까지 오랜 시간이 걸리기 때문에 때로는 '이제 그만해야지'라고 포기하려는 생각이 들기도 합니다. 하지만 그 순간, 나에게 맞는 스타일의 묘한 만남이 찾아오기도 하니 포기하지 말고 끈질기게 자신만의 스타일을 찾아보세요.

만드는 법

1. 액자 틀에서 뒤판을 뺍니다. 앞판(유리나 플라스틱으로 된 판)은 사용하지 않습니다.

2. 배경용으로 고른 천의 올 방향에 맞추어 뒤판을 얹고, 사인펜으로 외곽을 따라 그립니다.

3. 사인펜으로 그린 선의 5mm 안쪽을 가위로 오립니다.

4. 뒤판의 중앙과 테두리에 접착력이 강한 양면 테이프를 붙입니다.

5. 4에서 작업해 놓은 중앙 테이프를 벗겨 천의 중심을 붙인 후, 테두리 테이프를 벗겨 천을 전체적으로 붙여줍니다.

6. 테이프의 접착력이 약해져도 천이 떨어지지 않도록 수예용 접착제로 테두리를 다시 한 번 붙입니다.

7. 붙은 부분을 주걱(단단한 종이로 대체 가능)으로 고루 문질러서 뒤판에 밀착시킵니다.

8. 접착제가 다 마르면 액자 틀에 뒤판을 끼운 후 여기에 완성작을 접착제로 고정하면 됩니다.

Wakuneco's Point

천은 붙이기 전에 깨끗이 정돈하세요!

왼쪽 사진처럼 천의 올 방향이 비스듬하거나 접힌 자국이 두드러지거나 천이 들떠 있으면 애써 만든 작품이 빛나지 않습니다. 천은 뒤판에 붙이기 전에 상하좌우로 팽팽하게 당겨서 올의 방향을 바로잡고, 접힌 자국이 있다면 다리미로 곱게 다려 정돈해야 합니다. 천 자체가 잘 들뜨는 재질인 경우도 있으니 천의 특성을 파악한 후 뒤판에 붙입시다.

Column 1

'잘' 만들지 못해도 괜찮아요.

이것은 제가 2015년에 제작한 작품 중 일부입니다. 어떤가요? 성장 과정이 느껴지지 않으시나요?

새로운 일에 도전할 때, 잘 해내지 못하면 자기에게는 맞지 않는다고 생각해 버리는 경우가 있습니다. 하지만 처음부터 잘하느냐, 못하느냐는 전혀 문제가 되지 않습니다. 능숙한 누군가를 목표로 삼을 필요도 없어요. 제작을 거듭할수록 처음에는 불가능했던 일이 조금씩 가능해지고, 몰랐던 부분을 알게 되니까요. 그런 식으로 '도전하는 것' 자체에 기쁨이 있습니다. 창작의 의미는 작품을 잘 만드는 것보다 작품 제작을 통해 새로운 자기 자신과 만나는 데 있다고 저는 생각해요.

Chapter 2

와쿠네코 만드는 법
| 기본편 |

드디어 실전 시작입니다. 우선은 무늬가 없는 하얀 고양이 만드는 법부터 알아볼까요? 과정이 많아서 다소 어려워 보일 수도 있지만, 초보자는 중간 과정을 생략해도 괜찮습니다. 처음에는 모양이 비뚤어지거나 생각대로 되지 않겠지만, 그 과정도 즐거울 거예요. 조바심을 내려놓고, 자기 나름대로 완성하는 것을 목표로 합니다.

하얀 고양이 White Cat

무늬 없는 하얀 고양이는 기교가 없는 사람도 형태와 털 표현에 초점을 맞추어 만들 수 있습니다. 바꾸어 말하면 털의 색이나 무늬로 눈가림을 할 수 없기 때문에 자신의 약점을 명확하게 알 수 있게 됩니다.

모든 작품의 기본이 되는 하얀 고양이

작품을 완성하는 과정(토대 만들기, 털 심기, 눈과 귀 붙이기 등)은 모든 고양이에게 공통으로 적용되기 때문에 이제부터 소개할 하얀 고양이 만드는 법을 숙지하면 털의 색을 바꾸거나 길이를 조절하여 다양한 고양이를 만들 수 있어요. 정말 할 수 있을지 불안한 사람도 있겠지만, 실패하더라도 고치면 그만이에요. 다시 고칠 수 있다는 점 또한 니들펠트의 장점이랍니다. 그리고 초보자에게는 좀 어려운 기법이 중간중간 나오지만, 쉽게 하는 방법과 수준별 완성 방법도 함께 소개하니 걱정하지 마세요. 가장 중요한 것은 자기가 만들고 싶은 고양이의 사진을 준비해서 작업하는 동안 수시로 비교해 보는 일입니다.

사용한 양모·눈
흰색
분홍색(흰색·분홍색은 15페이지 참조)
플라스틱 눈/투명 12mm 【하마나카】

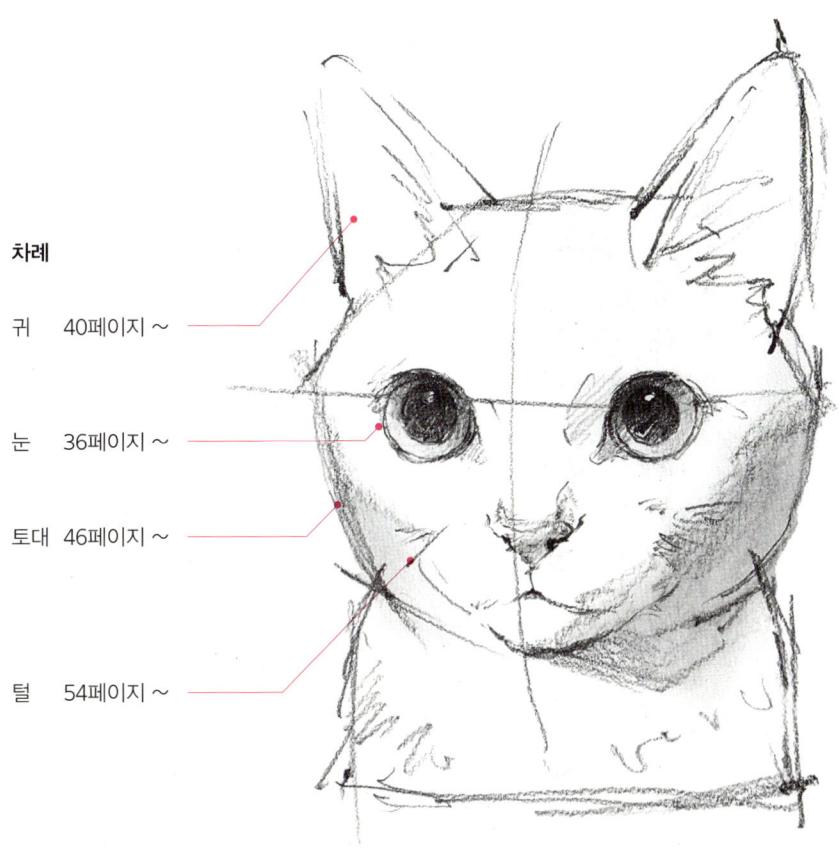

차례

귀　40페이지 ~

눈　36페이지 ~

토대　46페이지 ~

털　54페이지 ~

하얀 고양이 White cat
눈 만드는 법

제가 '와쿠네코'를 제작할 때는 아크릴 물감으로 직접 눈을 그리고 채색하지만, 이 방법은 조금 어려워서 책에서는 초보자도 실패 없이 사랑스러운 눈을 만들 수 있는 쉬운 방법을 소개해드립니다.

[간단한 플라스틱 눈]

이미 동공이 그려진 상태로 판매되는 '플라스틱 인형 눈'을 이용하여 간단하게 만드는 눈입니다. 초보자에게 추천해요. 동그란 눈이 사랑스러운 인상을 연출합니다.

사용하는 도구
와인 코르크 마개
재사용 접착제
종이 팔레트

재료
플라스틱 인형 눈 2개
펄이 들어간 녹색 계열 매니큐어
짙은 녹색 매니큐어
무광택 회색 매니큐어

※ 매니큐어 색은 자유롭게 고르면 됩니다.

1 물감으로 직접 농담을 조절하는 것은 어려우므로 매니큐어를 사용합니다.

2 플라스틱 인형 눈 표면에 뗄 수 있는 재사용 접착제를 붙여서 코르크 마개에 고정합니다. 코르크 마개를 잡고 작업하면 안정적입니다.

3 종이 팔레트에서 매니큐어를 섞어 원하는 색을 만듭니다. 빨리 마르기 때문에 익숙해지기 전에는 희석제(네일 폴리시 시너)로 조절하는 편이 좋습니다

4 플라스틱 인형 눈 뒷면에 색을 칠합니다. 도중에 손을 여러 번 멈추면 마르기 때문에 재빠르게 바릅니다.

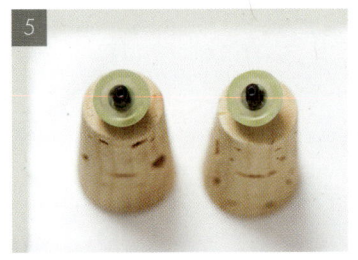

5 채도를 낮추고 싶을 때는 회색, 명도를 높이고 싶을 때는 흰색 계열의 매니큐어를 넉넉하게 섞어 줍니다.

6 고운 펄이 들어간 매니큐어를 사용한 덕에 자연스러운 음영이 생겼습니다.

[약간 어려운 레진 눈]

'레진 눈'이란 레진 용액을 열로 굳혀서 만드는 눈입니다. 동공의 모양을 원하는 대로 만들 수 있어요. 채색에는 매니큐어를 사용하지만, 원한다면 아크릴 물감으로 직접 그려도 좋습니다. 자유롭게 시도해 보세요.

사용하는 도구

레진 램프	이쑤시개
실리콘 틀(12mm)	가위
핀셋	커터칼
커팅 매트	타공 펀치(6mm)
망치	
엠보스 히터 (약한 열풍이 나오는 초소형 히터, 있으면 편리함)	

재료

레진 용액	유백색 클리어 파일
접착제	검은 색종이
크기에 맞는 단추 다리	
매니큐어 3종 (플라스틱 눈과 동일)	

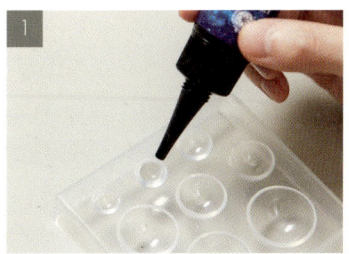

1. 레진 용액을 실리콘 틀에 채웁니다.

2. 먼지가 들어가지 않도록 주의하면서 레진 용액을 붓습니다. 가득 채우지는 말고, 1~2mm 가량 여유 공간을 남깁니다.

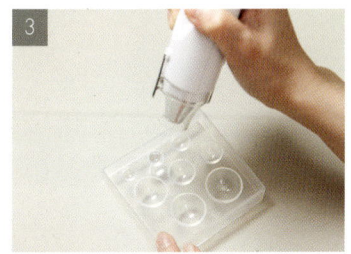

3. 만약 기포가 생겼다면 이쑤시개나 엠보스 히터로 제거합니다.

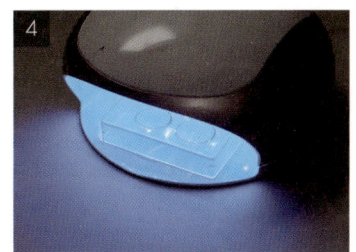

4. 레진 램프로 레진 용액을 굳힙니다. 굳는 시간은 제품에 따라 다르므로 설명서를 확인하는 것이 좋습니다.

5. 레진 용액이 굳으면 실리콘 틀에서 빼냅니다.

6. 동공은 판판한 면에 물감으로 직접 그려도 되지만, 색종이를 펀치로 뚫어 만들면 더 간단합니다.

펀치를 사용해서 동그란 동공을 만들었습니다.

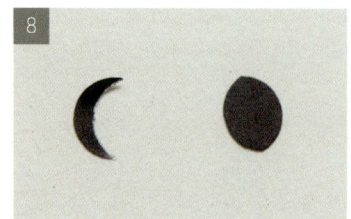
동그란 동공의 가장자리를 오리면 길쭉한 동공이 완성됩니다.

유백색 클리어 파일을 작업하기 편한 크기로 자릅니다.

클리어 파일을 팔레트 삼아 매니큐어를 섞고, 색이 완성되면 자연 건조로 말립니다.

색이 칠해진 곳에 동공을 올려놓고 동공의 위치를 정합니다.

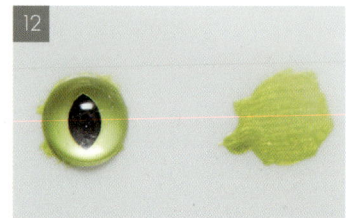
위치가 정해지면 앞서 만든 반구형 레진을 올려놓고 균형을 확인합니다.

접착제를 얇게 펴 바른 다음 동공을 얹고, 한 번 더 접착제를 얇게 펴 바릅니다.

접착제 위에 반구형 레진을 얹고, 접착제가 마르기 전에 위치를 알맞게 조정합니다.

접착제가 완전히 마르면 커터칼로 레진 눈을 깔끔하게 오립니다.

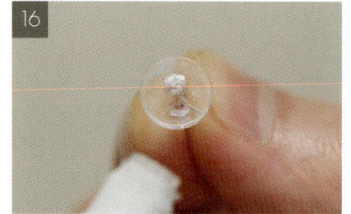
단추 다리에 접착제를 바릅니다.

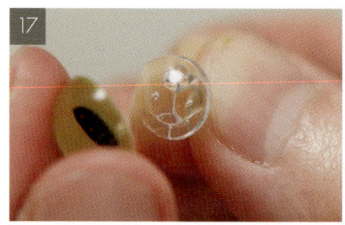
단추 다리의 중심이 레진 눈의 중심과 서로 맞닿도록 붙입니다.

단단하게 고정되면 완성입니다.

Wakuneco's Point

시선이 따라오는 눈과 따라오지 않는 눈

사진처럼 어디에서 봐도 시선이 따라오는 것을 "추시(追視)"라고 해요. 좌우뿐만 아니라 위아래로도 시선이 따라와서인지 추시 효과는 사람에 따라 취향이 갈립니다(계속 쳐다보니까 기분이 뒤숭숭하다는 사람도 있고, 눈이 마주쳐서 재미있다는 사람도 있어요). 시선이 따라오게 만들고 싶을 때는 "유리 카보숑(Glass Cabochon, 유리 눈, 유리 눈알)"이라 불리는 반구형 유리를 렌즈로 사용하는 방법이 가장 쉬워요. 렌즈가 두꺼울수록 추시 효과가 높아지므로 시선이 따라오지 않게끔 하고 싶다면 레진으로 두께가 얇은 렌즈를 만들어 사용하면 된답니다.

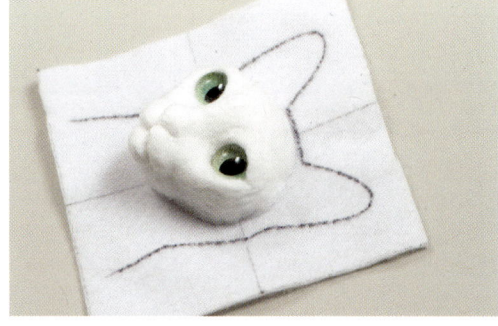

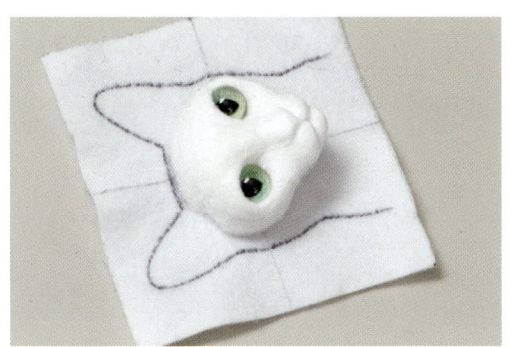

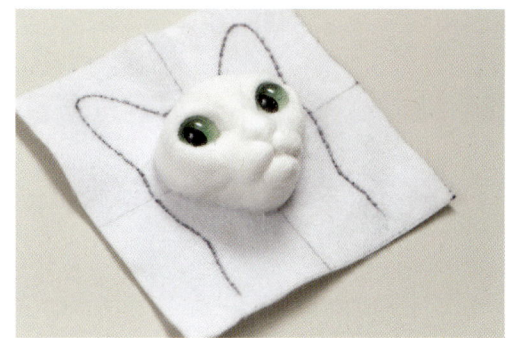

고양이 눈 제작에 쓰이는 대표적인 소재

질감 면에서 유리가 가장 좋은 소재처럼 보일지도 모르겠으나 눈동자의 인상을 결정하는 요소는 재질이 아닌 색채입니다. 선입견에 얽매이지 않고, 자신에게 맞는 소재를 고르는 것이 중요해요. 참고로 레진은 질이 떨어지면 나중에 황변이 일어나는 경우가 있기 때문에 구매 시 주의가 필요합니다.

▲유리 카보숑

	플라스틱	레진	유리 카보숑
장점	• 동공이 그려져 있어서 사용하기 편함 • 귀엽고 동그란 눈을 만들고 싶은 사람에게 추천	• 원하는 두께로 만들 수 있어서 추시 효과를 조절할 수 있음	• 싼값에 반구형 유리를 구할 수 있음 • 바늘에 잘 긁히지 않음 • 기포를 걱정할 필요가 없음
단점	• 길쭉한 동공을 만들 수 없음 • 쉽게 흠집이 남	• 기포가 생기기 쉬움 • 재료비가 비쌈 • 노랗게 변색하는 경우가 있음	• 추시 효과를 조절할 수 없음

하얀 고양이 White cat

귀 만드는 법

고양이의 특징이기도 한 얄따란 귀. 처음에는 무척 어렵게 느껴지는 부위입니다. 중간부터 과정이 중급자용과 초보자용으로 나뉘니 자기 수준에 맞추어 연습해 보세요.

사용하는 도구

- 바늘(중간 바늘, 가는 바늘)
- 직접 만든 바늘 홀더
- 손가락 보호용 집게
- 브러시 매트
- 가위
- 뜨거운 물을 담을 그릇
- 헤어매직기
- 금속 브러시
- 커팅 매트
- 송곳
- 눈썹 빗

재료

- 흰색 양모
- 분홍색 펠트지
- 식기용 세제
- 세탁풀(PVA풀-문구용 물풀)

귀 바탕 만들기

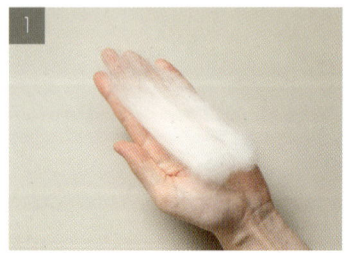

1 얇게 펴서 손바닥에 가볍게 얹을 수 있는 정도의 분량을 기준으로 양모를 준비합니다.

2 전체를 골고루 찌릅니다. 이때 바늘이 여러 개 꽂힌 바늘 홀더가 있으면 편리합니다. 직접 만들어도 좋고, 시판 제품을 써도 좋습니다.

3 삼각형을 만든다 생각하고, 바늘을 양모 위에 놓습니다.

4 바늘이 놓인 곳을 기점으로 양모를 접고, 접은 상태 그대로 바늘을 뺍니다.

5 접힌 양모가 평평해지도록 다시 골고루 찌릅니다.

6 모양을 잡으면서 두께도 균일하게 맞춥니다. 다른 곳보다 얇은 부분이 있다면 양모를 덧대어 보강합니다.

양모를 뒤집어서 반대쪽 면에도 4 ~ 6의 작업을 반복합니다.

이 단계에서는 모양을 삼각형으로 만드는 것보다 표면을 균일하게 만드는 데 주의를 기울입니다.

얇은 부분은 양모를 덧대어 보강하고, 모양을 조금씩 삼각형으로 만들어 줍니다.

평평한 이등변 삼각형이 되도록 다듬습니다. 크기는 나중에 조절할 수 있으니 신경 쓰지 않아도 괜찮습니다.

손가락 보호용 집게(16페이지) 사이에 양모를 끼우고, 가는 바늘로 가장자리를 찔러 뭉칩니다. 꼭짓점은 둥그스름하게 만듭니다.

이등변 삼각형이 만들어졌습니다. 초보자는 여기까지 하면 완성입니다. 큼지막하게 만들었지만 실제로 사용하는 것은 윗부분뿐입니다.

Wakuneco's Point

이등변 삼각형의 모양과 토대의 관계

고양이의 귀 모양은 토대의 두께(높이)에 따라 달라져요. 토대가 두꺼울수록 귀와 연결되는 부분의 길이가 길어지기 때문이에요. 토대는 두꺼운 편이 만들기 어려우므로(53 페이지 참조) 일단은 가운데 있는 이등변 삼각형의 모양을 목표로 삼으세요. 익숙해지면 자기 작품에 어울리는 각도로 조절하면 됩니다.

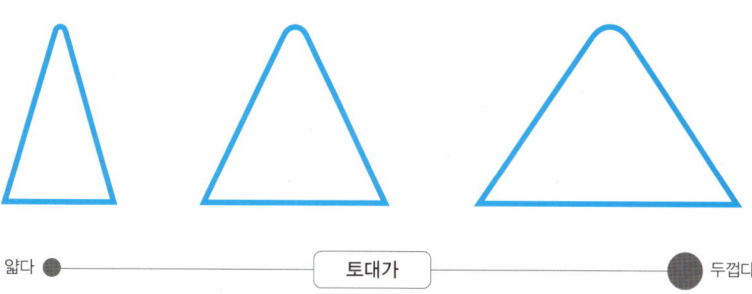

앏다 ● ──── 토대가 ──── ● 두껍다

귀 탄력 높이기

중급자는 다음 과정으로 넘어갑니다. 먼저 약간 뜨거운 물(40 ~ 42℃)을 준비하고, 세제를 한 바퀴 두릅니다.

세제를 녹인 따끈한 물에 앞에서 만든 귀 바탕을 푹 담급니다.

두께를 균일하게 만든다 생각하고, 양 손바닥으로 표면을 가볍게 문지릅니다.

양모가 점점 탄탄해집니다. 이번에는 손가락 바닥으로 작은 원을 그리듯이 표면을 문지릅니다.

옆면(가장자리)도 똑같이 문지릅니다. 갈수록 양모가 탄탄해지는 느낌이 들 겁니다. 다 문질렀다면 흐르는 물에 잘 헹굽니다.

물기를 가볍게 짠 다음 표시된 곳에 세탁풀 원액을 소량 바르고, 조물조물 비벼 흡수시킵니다.

페이퍼 타월 사이에 끼워 물기를 제거한 뒤 자연 건조로 말립니다.

중간 온도 ~ 높은 온도의 헤어매직기로 빳빳하게 다립니다.

가장자리에도 헤어매직기를 대어 마무리합니다.

손가락으로 탄력을 확인합니다. 탄력이 부족하게 느껴진다면 14로 돌아가서 한 번 더 작업합니다.

\ Note! /

세탁풀은 원액만 쓰면 양모가 너무 뻣뻣해지고, 농도가 옅으면 탄력이 생기지 않습니다. 원하는 수준의 뺏뺏함을 구현하기까지 연습이 필요해요. 저는 바늘이 들어가는 정도에서 마무리합니다.

귀 안쪽 만들기

귀 안쪽에 분홍색을 넣습니다. 펠트지에 22에서 완성한 귀 바탕보다 약간 작은 삼각형을 그립니다.

밑그림의 선이 보이지 않도록 선 안쪽을 오립니다.

금속 브러시로 이등변의 한 변 부근을 긁어서 보푸라기를 일으킵니다.

안쪽에서 바깥쪽으로 충분히 보푸라기를 일으켰다면 뒷면도 똑같이 작업합니다.

도구를 송곳으로 바꾸어 펠트지의 섬유를 가닥가닥 풀어 줍니다.

뒤집어서 같은 작업을 반복합니다. 윤곽선이 사라질 때까지 하면 됩니다.

가닥가닥 풀린 섬유를 눈썹 빗으로 빗어 정리합니다.

완성한 귀 안쪽을 귀 바탕에 맞추어 포갭니다.

귀 바탕 바깥으로 삐져나온 섬유를 가위로 자릅니다.

딱 맞추어 포갠 모습입니다. 딱 맞게 포개지지 않는다면 펠트지(귀 안쪽)를 잘라 모양을 맞춥니다.

빨간 선 부분(귓속 털 심을 곳)을 찔러서 둘을 하나로 붙입니다. 빨간 선 이외의 부분은 붙이지 않습니다.

붙이고 나면 이렇게 반대편에 분홍색이 비칩니다.

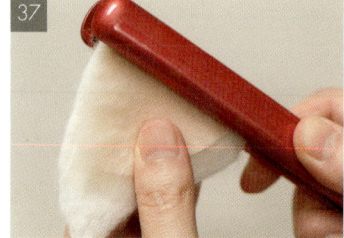

흰색 양모를 소량 찢어서 분홍색이 비치는 부분에 덧댑니다.

분홍색이 보이지 않을 때까지 흰색 양모를 찔러 붙입니다.

헤어매직기로 눌러 모양을 잡습니다.

초보자는 여기까지 하면 완성입니다.

귓속 털 만들기

먼저 흰색 양모를 소량 떼어서 얇게 펴 줍니다.

준비한 양모를 빨간 선에 맞추어 곧게 찌르기로 심어 나갑니다.

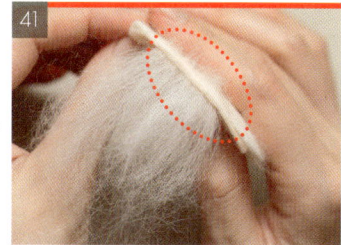

그러면 이렇게 반대편으로 양모가 나옵니다.

반대편이 앞으로 오도록 뒤집어 놓고, 튀어나온 흰색 양모를 찔러 붙입니다.

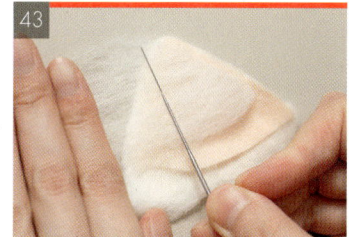

귓속에 심은 털을 어디까지 자를지 가늠합니다. 위 사진에서 바늘이 놓인 곳을 기준으로 위치를 정합니다.

43에서 정한 위치에 맞추어 털을 자릅니다.

가위를 세로로 들고 꼼꼼하게 털을 다듬습니다.

눈썹 빗으로 불필요한 털을 빗어 정리합니다.

헤어매직기로 털의 방향을 잡아 줍니다.

귀가 완성되었습니다. 똑같은 과정을 반복하여 반대쪽 귀도 만듭니다.

하얀 고양이 White cat
토대 만드는 법

이것이 '와쿠네코'의 기본 형태입니다. 실제 고양이와는 다르게 귀와 몸의 윤곽을 평면적으로 다듬은 형태이지요. 이 기본형을 응용하면 몸의 모양이나 머리의 기울기를 바꾸어 다양한 자세를 연출할 수 있답니다.

사용하는 도구
바늘(중간 바늘, 가는 바늘)
사인펜
브러시 매트
시침핀
손바늘
헤어매직기
버니어 캘리퍼스
송곳

재료
토대용 양모
분홍색 양모
펠트지

■ 형태 만들기의 요령

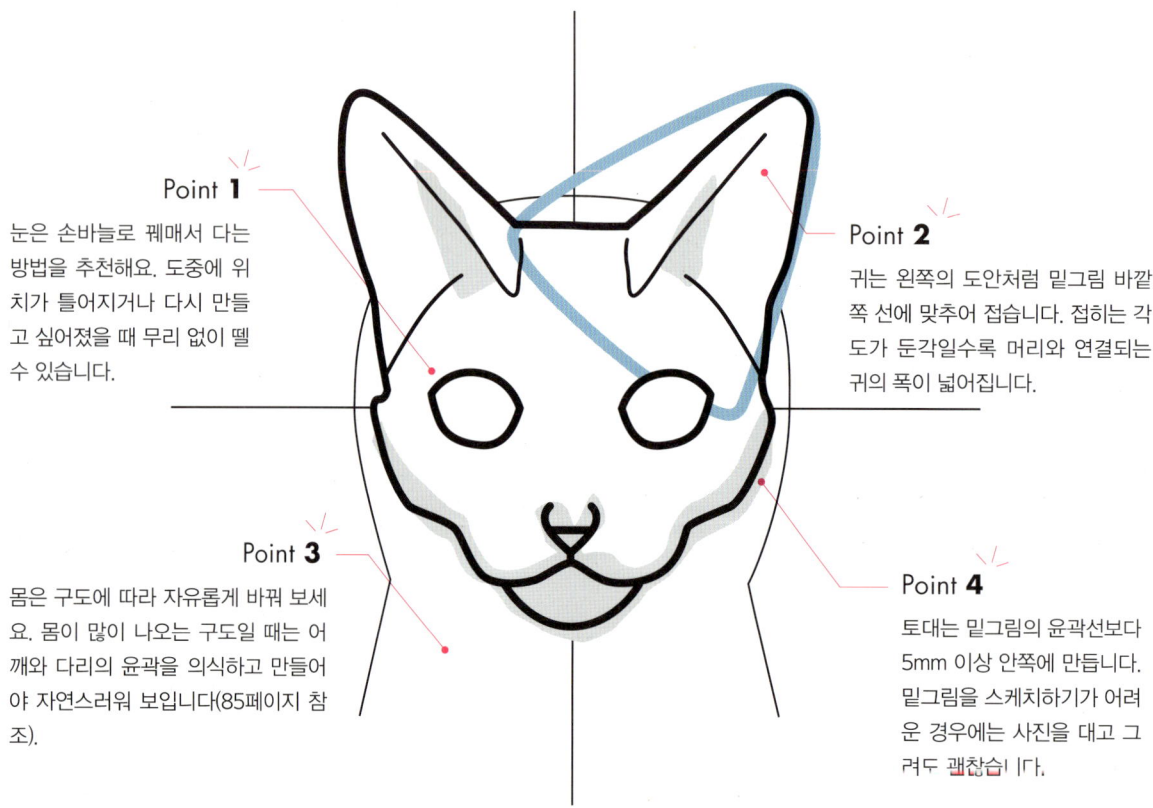

Point 1
눈은 손바늘로 꿰매서 다는 방법을 추천해요. 도중에 위치가 틀어지거나 다시 만들고 싶어졌을 때 무리 없이 뗄 수 있습니다.

Point 2
귀는 왼쪽의 도안처럼 밑그림 바깥쪽 선에 맞추어 접습니다. 접히는 각도가 둔각일수록 머리와 연결되는 귀의 폭이 넓어집니다.

Point 3
몸은 구도에 따라 자유롭게 바꿔 보세요. 몸이 많이 나오는 구도일 때는 어깨와 다리의 윤곽을 의식하고 만들어야 자연스러워 보입니다(85페이지 참조).

Point 4
토대는 밑그림의 윤곽선보다 5mm 이상 안쪽에 만듭니다. 밑그림을 스케치하기가 어려운 경우에는 사진을 대고 그려도 괜찮습니다.

Wakuneco's Point

토대를 단단하게 만드는 것이 무엇보다 중요!

23페이지에서 설명한 것과 같이 토대를 단단하게 뭉치지 않으면 시간이 흐를수록 그 형태가 일그러지거나 털이 흐트러집니다. 그렇기에 토대는 손가락으로 강하게 눌러도 들어가지 않을 정도로 단단해야 해요. 처음에는 감을 잡기가 좀 어렵겠지만 시간을 들여 변형이 일어나지 않도록 꼼꼼하게 고루고루 찔러 뭉치는 것이 좋습니다.

귀 위치 정하기

펠트지 중앙에 기준선을 긋습니다. 되도록 정면을 바라보는 고양이의 사진을 복사해 오립니다. 윤곽 참고용이므로 무늬는 상관없습니다.

오린 복사본을 반으로 자릅니다. 좌우 중 한쪽을 본으로 합니다. 본 없이 바로 그려도 상관없습니다.

1에서 그린 기준선에 맞추어 본을 올려놓고, 사인펜으로 따라 그립니다. 동공의 중앙과 가로줄이 일치하도록 놓습니다.

본을 뒤집어 놓고, 좌우 대칭이 되도록 따라 그립니다.

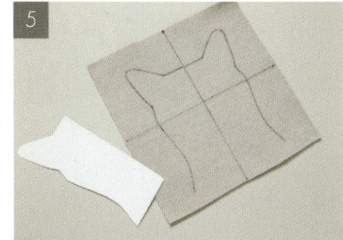

도안지가 완성되었습니다.

브러시 매트에 도안지를 올려놓고, 밑그림 바깥쪽 선에 귀를 맞춘 뒤 남은 부분을 접습니다. 털을 심은 면이 앞으로 오도록 접습니다.

접은 귀를 헤어매직기로 잡아서 접힌 자국을 만듭니다. 반대쪽 귀도 같은 방법으로 접힌 자국을 만듭니다.

밑그림에 맞추어 귀를 다시 올려놓고, 잘라낼 부분을 바늘로 가늠합니다.

기준선 바깥으로 삐져나온 부분을 잘라냅니다.

이제 귀를 도안지에 고정합니다. 먼저 토대용 양모를 조금 뜯습니다.

토대용 양모와 귀를 함께 찔러서 도안지에 고정합니다. 바늘 굵기는 쓰기 편한 것으로 고르면 됩니다.

이렇게 접힌 자국이 있는 곳(빗금 친 부분)까지 단단히 고정합니다.

귀의 각도에 주의하면서 반대쪽 귀도 똑같이 도안지에 고정합니다.

토대용 양모를 도안지에 고정한 귀와 이어지도록 올려놓고, 타원형으로 뭉쳐 줍니다.

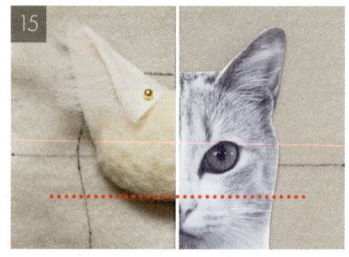
타원체의 밑면이 본의 광대뼈 부근과 나란해야 합니다.

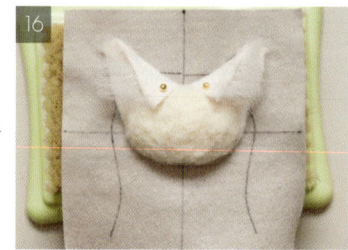
이때 귀 안쪽은 아직 고정되지 않은 상태입니다. 귀의 폭이 너무 넓어서 어중간하다면 안쪽을 잘라도 괜찮습니다.

토대에 귀 붙이기

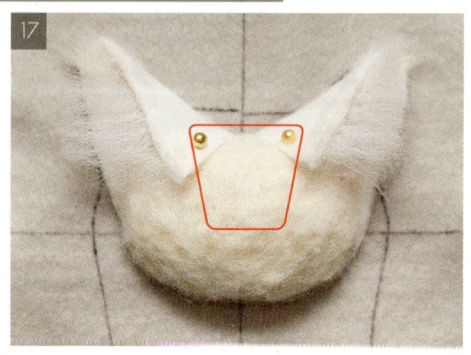

표시된 곳에 토대용 양모를 덧대어 귀를 덮는다 생각하고 찌릅니다.

정수리가 밑그림의 약 5mm 안쪽에 위치하도록 찔러 고정합니다.

귀는 아직 떠 있지만 양 귀 사이에 정수리에서 이마로 이어지는 곡선이 생겼습니다.

이제 주둥이를 만듭니다. 손가락으로 압축한 토대용 양모를 토대(타원체)의 아래쪽 중심에 얹고, 토대와 이어지도록 찔러 뭉칩니다.

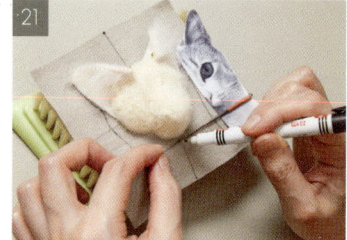
본을 참고하여 턱의 위치를 정하고, 사인펜으로 도안지에 표시를 해 둡니다.

양모는 찌르면 우그러지므로 양모를 덧대어 찔러 뭉치는 작업을 수차례 반복합니다. 거울에 비추면 일그러진 곳이 보이니 자주 확인합니다.

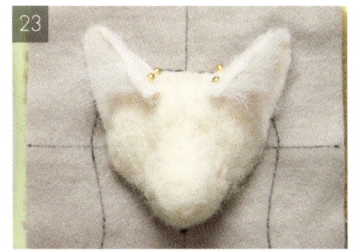

주둥이가 단단히 고정된 모습입니다.

옆에서 보고 두께를 확인합니다. 두께는 원하는 대로 정하면 되는데, 얇은 편이 성공하기 쉽답니다. 토대의 두께에 따라 귀의 폭도 달라집니다(41페이지 참조).

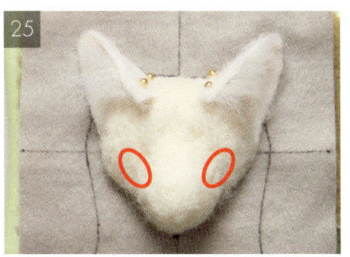

광대뼈(표시된 곳)에 양모를 덧대어 형태가 완만해지도록 찔러 붙입니다.

고양이의 사진을 수시로 관찰하면서 조금씩 덧붙이는 것이 요령입니다.

아직 떠 있는 귀의 연결부(귀와 토대가 맞닿는 부분)에 토대용 양모를 추가로 얹고, 안쪽에서 찔러 붙입니다.

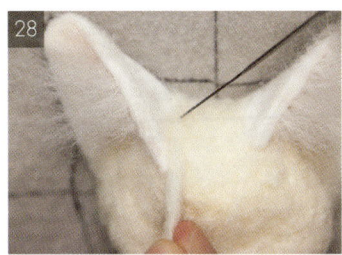

귀 바깥쪽에도 토대용 양모를 조금씩 덧붙여서 귀를 토대에 단단히 고정시킵니다.

귀의 연결부가 튀어나와 있다면 역시 토대용 양모를 소량 덧붙여서 덮어 줍니다.

이렇게 귀 안쪽과 바깥쪽을 토대용 양모로 감싸듯이 고정하면 귀가 이마에 자연스레 연결됩니다.

눈 달기

색깔이 있는 시침실을 도안지 뒤에서 앞으로 기준선을 따라 꿰어서 얼굴 위에 열십자를 만듭니다.

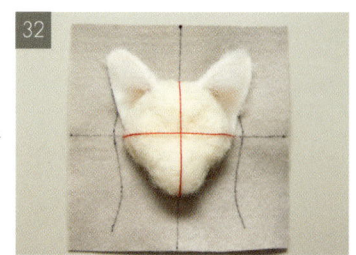

이렇게 하면 눈의 위치를 쉽게 가늠할 수 있습니다.

버니어 캘리퍼스로 본의 동공 중앙에서 코 중심까지의 거리를 잽니다.

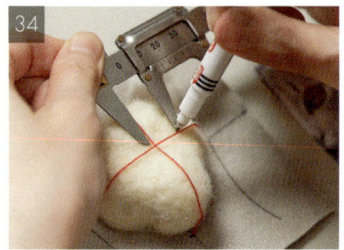

토대에 버니어 캘리퍼스를 대고, 동공 중앙에 해당하는 곳을 사인펜으로 표시합니다.

송곳을 토대 안쪽까지 쿡 찔러서 조금 큰 구멍을 냅니다. 비뚤어지지 않았는지 거울로 확인하면 좋습니다.

실을 꿴 손바늘을 도안지 뒤에서 35에서 만들어 놓은 구멍으로 빼냅니다.

단추를 다는 요령으로 플라스틱 눈을 토대에 달아 줍니다.

손가락으로 눈을 꾹 눌러 토대에 밀착시킵니다. 실이 느슨하지 않은지 확인한 뒤 도안지 뒤에서 매듭을 지어 고정합니다.

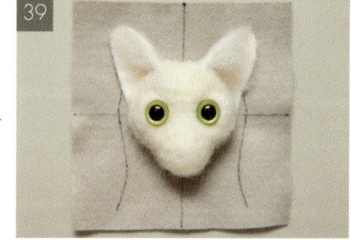

양 눈이 비뚤어지지 않았는지 재확인합니다. 눈 크기가 밑그림 크기와 어울리지 않는다면 이 단계에서 교체합니다.

얼굴 윤곽 만들기

코를 만듭니다. 본을 옆에 두고, 바늘로 코끝의 위치를 가늠합니다.

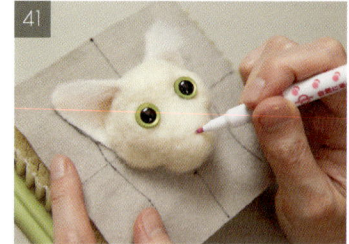

바늘로 가늠한 위치를 사인펜으로 표시합니다.

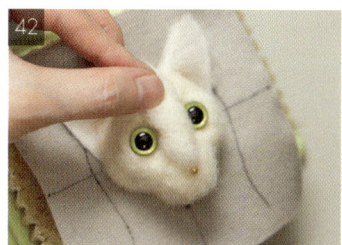

표시한 곳에 시침핀을 꽂고, 그곳을 기점으로 토대용 양모를 덧붙여 콧대를 만듭니다.

코 부분도 토대가 단단해지도록 토대용 양모를 여러 번에 걸쳐 조금씩 덧대며 찔러 뭉치는 것이 요령입니다.

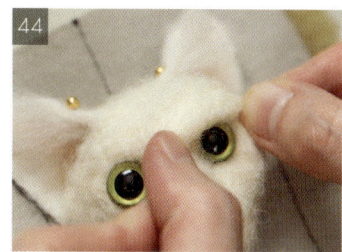

이마와 눈가가 자연스럽게 이어지도록 눈 위에 토대용 양모를 덧붙입니다.

얼굴에 눈꺼풀이 생기고, 눈가에 음영이 생겼습니다.

입을 만듭니다. 본을 옆에 두고, 바늘로 입의 위치를 가늠한 뒤 표시합니다.

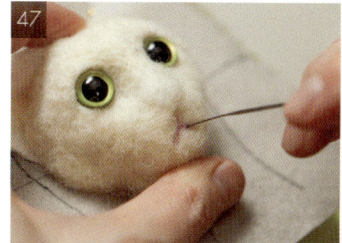

사인펜으로 입을 그리고, 그것을 위쪽에서 바늘(중간 바늘)로 찔러 홈을 새깁니다.

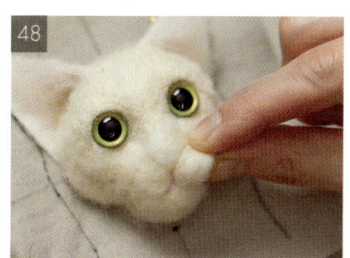

손가락으로 압축한 토대용 양모를 홈 부근에 얹고 찔러 뭉칩니다. 토대를 찌르기 편한 각도로 바꾸면서 찌르면 한결 수월합니다.

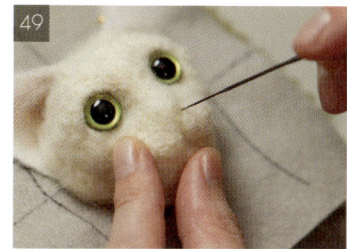

코 양옆에 토대용 양모를 덧붙이고, 코 아랫부분을 볼록하게 만듭니다.

턱을 만듭니다. 손가락으로 압축한 토대용 양모를 턱에 얹고 찔러 뭉칩니다. 한 번에 완성하려 하지 말고, 시간을 들여 조금씩 양모를 덧붙이며 형태를 잡는 것이 중요합니다.

형태가 자연스러운지 꼼꼼히 확인하고, 부자연스러운 곳이 있다면 이 단계에서 끈질기게 여러 번 수정합니다.

옆에서 본 모습입니다. 눌러도 들어가지 않을 만큼 단단한 상태로 만든 것이 가장 좋습니다. 여러 각도에서 잘 살펴보고 부자연스러운 곳은 없는지 확인합니다.

색 입히기

귀 안쪽 이음매 부근에 분홍색 양모를 찔러 붙입니다. 이때 귓속 털이 거치적거리지 않도록 시침핀으로 눌러 둡니다.

귀 안쪽과 토대의 분홍색이 이어졌습니다. 분홍색은 단색으로 쓰기보다는 여러 색을 섞어서 쓰면 색감이 살아납니다.

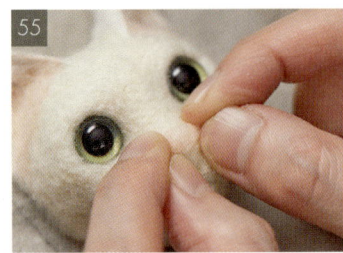

다음 과정(털 심기)에서 코의 위치를 놓치지 않도록 코 부분에도 분홍색을 입힙니다.

잘게 찢은 양모를 조금씩 덧대면서 찔러 붙입니다. 코의 역삼각형 모양을 생각하면서 작업합니다.

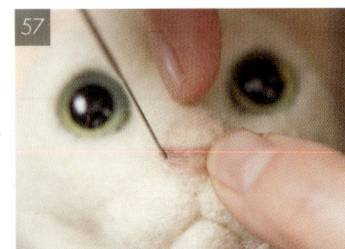

코의 가장자리는 중간 바늘로 깊이 찔러서 단단하게 뭉칩니다.

양쪽을 다 찌르고 나면 역삼각형 모양의 코가 깔끔하게 완성됩니다.

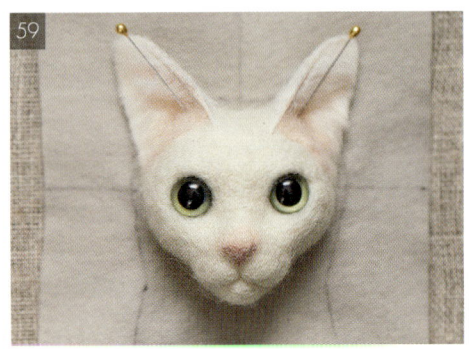

귀, 눈, 코와 필요한 부위를 붙여 토대를 완성한 모습입니다.

Wakuneco's Point

토대는 두께가 두꺼울수록 만들기 어려워요.

토대를 두껍게 만들려면 그만큼 양모를 끈덕지게 찔러 뭉쳐야 합니다. 게다가 두께가 두꺼울수록 옆면이 확장되어 눈에 보이는 무늬의 범위가 넓어지거나 형태 해석이 어려워집니다. 초보자는 A ~ B 정도의 두께부터 시작해야 모양을 잡기 쉬울 거예요. 토대를 납작하게 만들면 귀도 평면적인 형태가 됩니다(41페이지).
그리고 두께가 두꺼울수록 무조건 좋은 것은 아니랍니다. 액자와 균형을 잘 이루는가가 가장 중요합니다.

■ 와쿠네코의 기본 형태

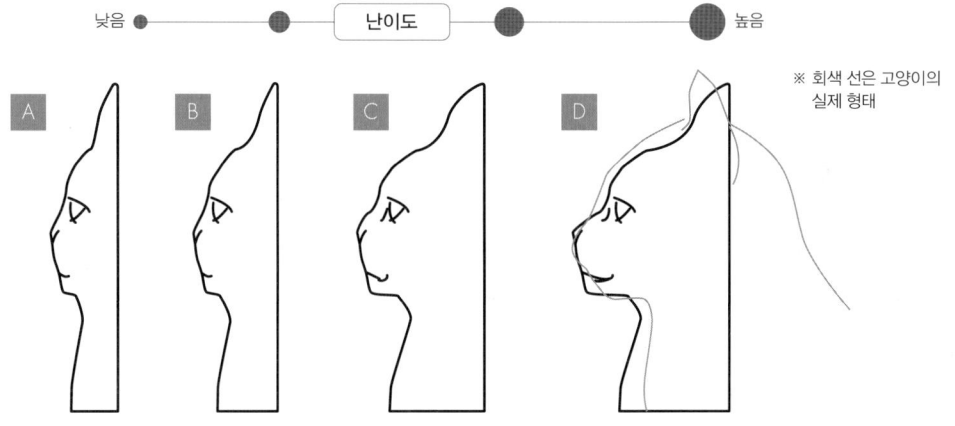

[참고] 이 책에서는 하얀 고양이를 C, 고등어태비를 D 두께로 제작했습니다.

하얀 고양이 White cat
털 심는 법

털 심기는 복잡해 보이지만 실은 단순하답니다. 55페이지의 **1** ~ **3** 과정을 숙지하면 그다음부터는 계속 엇비슷한 작업이 반복되거든요. 양모의 폭과 두께는 여기에 실린 내용을 참고하여 자신이 작업하기 편한 수준으로 조절해 보세요.

사용하는 도구
- 브러시 매트
- 바늘(중간 바늘, 가는 바늘)
- 시침핀
- 가위
- 커브 가위
- 칫솔
- 눈썹 빗
- 메이크업 브러시
- 종이테이프

재료
- 흰색 양모(메리노와 심는 양모 스트레이트를 1:1로 혼합)
- 분홍색 양모 여러 종류
- 블러셔
- 토대용 양모

■ 털 심기의 기본

- 곧게 찌르기
- 고리 찌르기
- 찔러 붙이기

털은 아래 그림처럼 바깥쪽에서 안쪽의 코끝을 향해 심어 나갑니다. 털을 심었다면 밑그림 밖으로 빠져나온 부분을 자릅니다. 이것이 털 심기의 기본입니다. 고양이의 무늬는 각양각색이니 이 기본을 응용해서 스스로 연구해 봅시다.

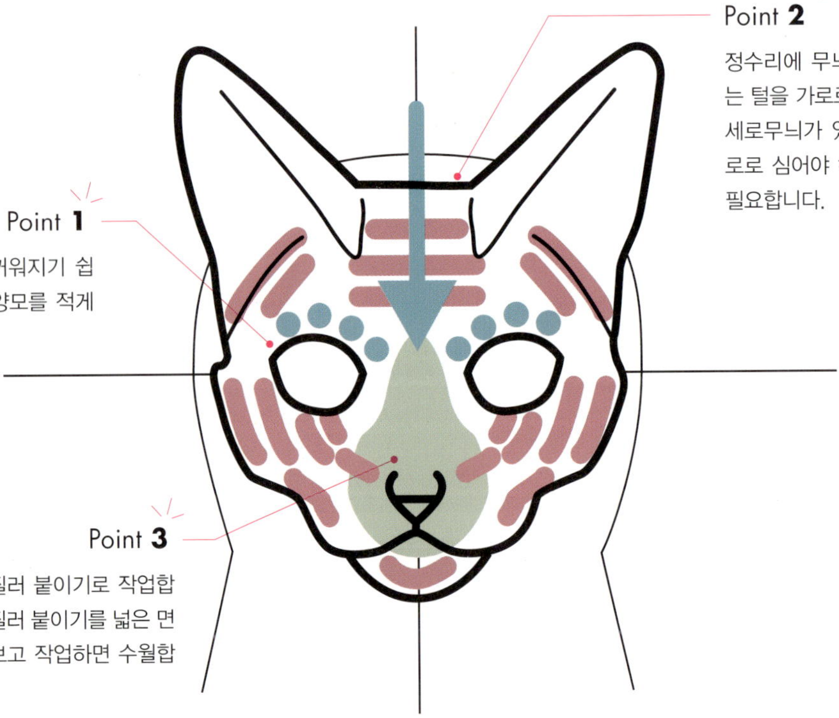

Point 1
눈가는 자칫 두꺼워지기 쉽습니다. 되도록 양모를 적게 잡아 심으세요.

Point 2
정수리에 무늬가 없는 고양이는 털을 가로로 심습니다. 반면 세로무늬가 있는 고양이는 세로로 심어야 해요. 임기응변이 필요합니다.

Point 3
주둥이 주변은 찔러 붙이기로 작업합니다. 초보자는 찔러 붙이기를 넓은 면적으로 연습해 보고 작업하면 수월합니다.

Wakuneco's Point

아름다운 털을 만들기 위한 순서

털을 아름답게 완성하려면 아래의 순서를 생각하면서 하는 것이 좋아요.

토대 단단하게 만들기 ➡ 모근 균일하게 찌르기 ➡ 털끝 다듬기 ➡ 눈썹 빗으로 꼼꼼히 빗기

정수리에 털 심기

❶~❸은 모든 과정의 곧게 찌르기에 공통되므로 확실히 기억합시다!

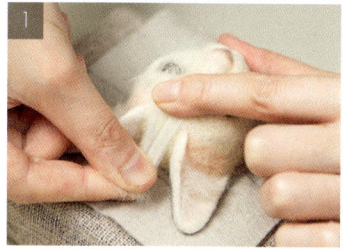
맞은편이 살짝 비칠 만큼의 양모를 약 1.5cm 폭으로 잡고, 심으려는 곳에 가져다 댑니다. 양은 원하는 대로 조절합니다.

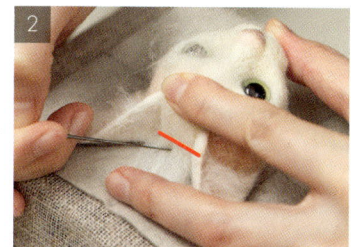
집게손가락과 가운뎃손가락으로 양모를 누르면서 가장 바깥쪽을 일직선으로 찌릅니다.

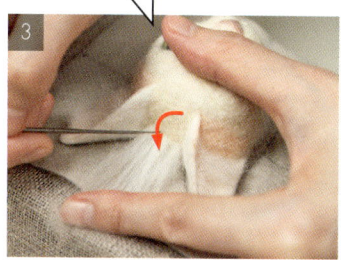
다 찔렀다면 찌른 곳 앞부분의 양모를 뒤로 눕힌 뒤 다시 모근을 찔러 고정합니다.

같은 방식으로 귀의 이음매 부근까지 털을 심습니다. 바늘은 쓰기 편한 굵기로 고르면 됩니다. 도중에 가는 바늘로 바꿔도 상관없습니다.

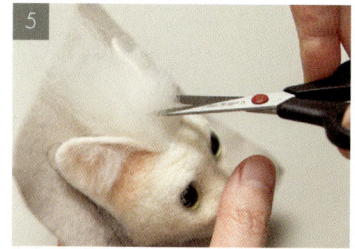
여분의 털을 자릅니다. 불안한 사람은 좀 길게 잘라도 괜찮습니다.

다 잘랐다면 칫솔로 불필요한 털 부스러기를 떨어냅니다.

칫솔도 종이테이프를 이용해서 그때그때 깨끗하게 해 둡니다.

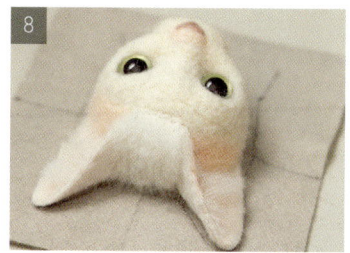
털의 길이와 단면이 가지런히 정돈된 모습으로 귀 옆면과 정수리가 깔끔하게 이어졌습니다.

얼굴 옆면에 털 심기

다음은 /// 부위에 털을 심습니다.

❶~❹와 똑같은 작업을 얼굴 옆면에 진행합니다.

밑그림의 윤곽선을 털 길이의 기준으로 잡고 털을 자릅니다.

얼굴 옆면에 털 심기 첫 단계가 끝났습니다.

빨간 선처럼 바깥쪽에서 정면을 향해 5mm 간격으로 층층이 곧게 찌르기를 합니다.

귀의 이음매에 곧게 찌르기를 합니다. 털이 이마와 눈꼬리 쪽으로 이어지도록 심습니다.

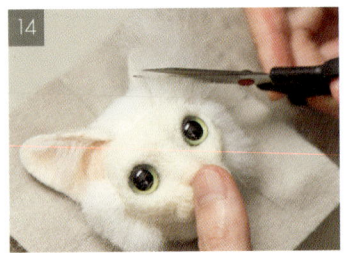
다 심었다면 여분의 털을 자릅니다.

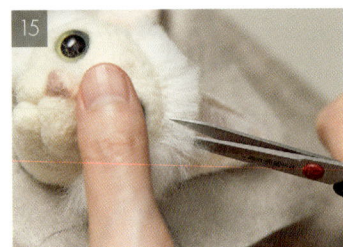
가위를 세로로 해서 숱을 치듯이 털을 다듬고, 눈썹 빗으로 털 부스러기를 떨어냅니다.

귀 안쪽의 분홍색 부분이 비쳐 보이도록 털을 다듬는 것이 포인트입니다.

광대뼈 아랫부분도 바깥쪽에서 정면을 향해 5mm 간격으로 곧게 찌르기를 합니다.

커브 가위로 털을 다듬습니다. 이때 가윗날의 구부러진 부분이 위를 향하도록 합니다. 광대뼈 아래 굴곡진 부분은 약간 짧게 자릅니다.

반대쪽 옆면도 똑같이 작업합니다.

눈 아래 ~ 이마에 털 심기

다음은 /// 부위에 털을 심습니다.

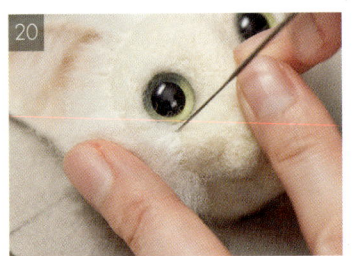
54페이지의 도안을 참고하여 눈 아래에 곧게 찌르기를 합니다. 좀 까다로운 부위라 양모를 적게 잡고 심어야 작업이 쉽습니다.

광대뼈 부분까지 털을 심습니다.

뺨에 심은 털과 이어지도록 커브 가위로 자릅니다.

실패해도 털을 모근부터 뽑아내면 수정할 수 있으니 걱정하지 말고 자릅니다.

양 뺨에 털을 심은 모습입니다. 좌우 균형을 확인하고, 부족한 곳이 있다면 털을 더 심습니다.

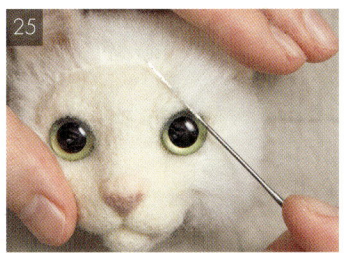
눈 위에 털을 심습니다. 양모를 소량씩 잡고 곧게 찌르기를 합니다.

이때 털이 바깥쪽을 향해 부채꼴로 넓게 퍼지도록 심습니다.

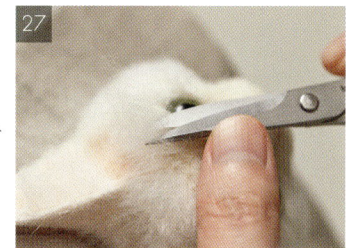
커브 가위로 여분의 털을 자르고, 털의 결을 정돈합니다. 좌우 균형을 확인하면서 25~27의 작업을 반복해 눈가까지 털을 심습니다.

반대쪽 눈 위에도 마찬가지로 털을 심습니다. 눈가까지 심었다면 좌우 대칭이 맞는지 확인합니다.

이마 중앙에 털을 심습니다. 눈 위에 곧게 찌르기를 할 때처럼 털이 부채꼴로 넓게 퍼지도록 심습니다.

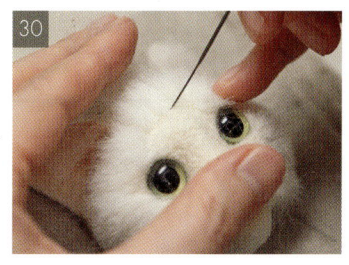
눈 위에 심은 털과 이마에 심은 털 사이에 틈이 생기지 않도록 조심하면서 심습니다.

이마 중앙에 부채꼴로 털을 심은 모습입니다.

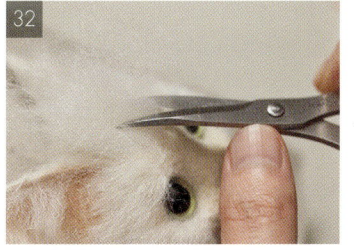
커브 가위로 이마의 곡선을 따라 여분의 털을 자릅니다.

위에서 본 모습입니다. 눈 위와 이마의 털이 어우러지고, 털 결이 자연스럽다면 성공입니다.

눈가에 털 심기

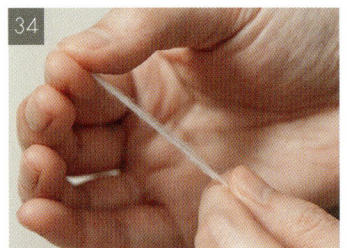
눈가에 털을 심습니다. 양모를 아주 소량 잡습니다.

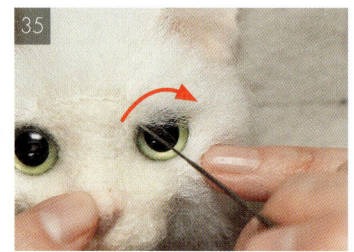
긴 양모를 눈머리 바로 앞에 단단히 심은 뒤 그대로 눈꼬리를 향해 눕힙니다.

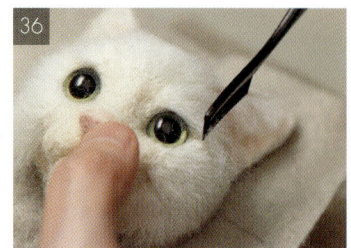
눈썹 빗으로 눈머리에서 눈꼬리를 향해 털을 빗습니다.

양쪽 눈 위에 털이 촘촘히 심어진 모습입니다.

눈과 눈 사이에 곧게 찌르기로 털을 심습니다.

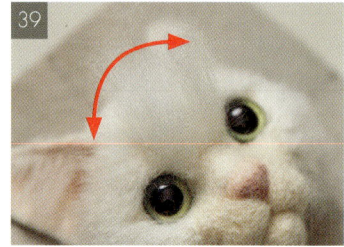
다 심었다면 털 다발을 부채꼴로 펼쳐서 이마 쪽 털과 이어지게 합니다.

위로 솟은 여분의 털을 커브 가위로 잘라냅니다.

털이 단단히 고정되도록 모근을 찔러 줍니다.

코 위에 털 심기

다음은 /// 부위에 털을 심습니다.

코 주변은 찔러 붙이기를 합니다. 먼저 메리노 울을 손가락으로 잘게 찢습니다.

찔러 붙이기를 할 때도, 잘게 찢은 메리노 울을 결대로(털의 흐름에 맞추어) 얹고 작업합니다.

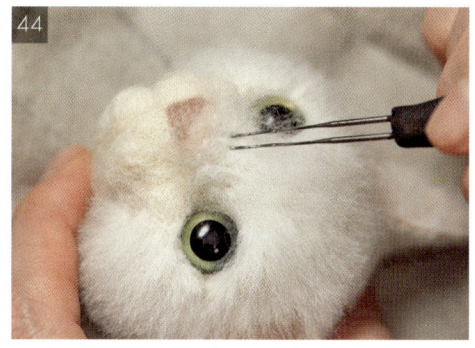

바늘 자국이 도드라져 보인다면 손가락 바닥으로 문지른 뒤 가는 바늘로 다시 찌릅니다.

44의 작업을 뺨에도 해 줍니다. 먼저 심은 털과 코 주변의 털이 이어졌습니다.

입매에 분홍색 블러셔를 칠합니다. 가는 브러시가 사용하기 편합니다.

칫솔로 여분의 블러셔 가루를 떨어냅니다. 칫솔은 그때그때 종이테이프로 깨끗하게 정리해 둡니다.

하관에 털 심기

다음은 /// 부위에 털을 심습니다.

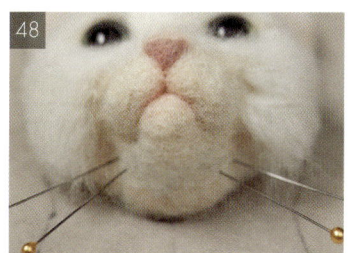

얼굴과 몸의 경계선을 정하기 위해 시침핀을 꽂았습니다. 시침핀 위쪽이 얼굴에 해당하는 부분이고, 이 부위에 곧게 찌르기를 합니다.

얼굴 옆면의 털이 거치적거리지 않도록 시침핀으로 눌러 두고, 48에서 설명한 부위에 털을 심습니다. 바깥쪽에서 정면을 향해 5mm 간격으로 곧게 찌르기를 합니다.

털을 다 심었다면 얼굴선을 따라 여분의 털을 자릅니다.

익숙해지기 전에는 길게 자른 후 조금씩 다듬는 것이 좋습니다.

주둥이 부분을 아래에서 본 모습입니다. 오른쪽 시침핀 2개가 꽂혀 있는 위치까지 5mm 간격으로 곧게 찌르기를 해 털을 심습니다.

다 심었다면 시침핀을 빼고, 가위로 숱을 쳐 털을 다듬습니다.

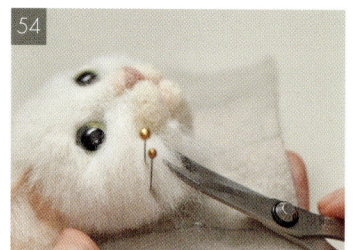
주둥이 부근은 짧게(토대에 가깝게) 자르는 것이 포인트입니다.

시침핀을 전부 빼고, 커브 가위로 털을 다듬습니다. 뺨에 심은 털과 자연스럽게 이어지도록 다듬어 줍니다.

반대쪽도 똑같이 작업합니다.

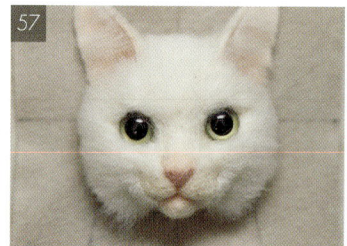
하관에 털 심기를 끝낸 모습입니다. 이 단계에서 이렇게 둥글고 복슬복슬한 형태가 되면 성공입니다.

옆에서 본 모습입니다. 주둥이 부분에는 아직 털을 심지 않은 상태입니다.

주둥이에 털 심기

다음은 /// 부위에 털을 심습니다.

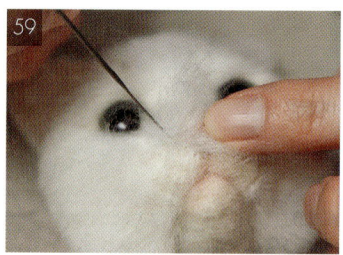
코 아래에 털을 심습니다. 잘게 찢은 양모를 얹고, 뺨 쪽으로 눕히듯이 찔러 붙입니다.

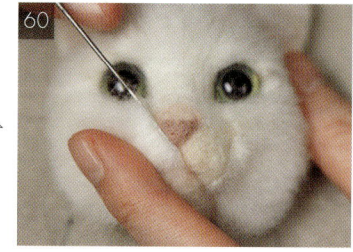
코 가장자리까지 심었다면 여분의 털을 코의 윤곽선에 맞추어서 접고(눕히고), 접은 부분을 다시 찔러 붙입니다.

반대쪽도 똑같이 작업합니다. 코 아래에 털을 다 심으면 훨씬 고양이다운 모습이 됩니다.

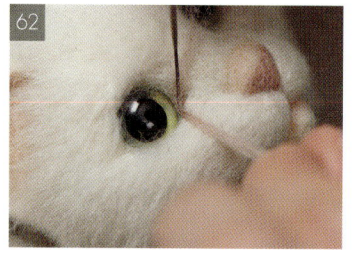
눈가에 분홍색 양모를 빙 둘러 심어서 아이라인을 새깁니다. 아이라인의 색은 고양이에 따라 달라집니다.

눈에 아이라인을 새기면 표정에 변화가 생깁니다. 양모의 색과 양에 따라 표정이 달라지므로 조절해서 새깁니다.

입가에 선을 새깁니다. 소량의 양모를 손으로 잡고, 코 아래와 가장자리에 찔러 넣습니다.

여분의 양모는 입 안쪽으로 밀어 넣듯이 찔러 붙입니다.

코 가장자리부터 입가에 걸쳐 분홍색 선을 새기면 표정이 또렷해집니다.

콧구멍은 작업이 까다로우니 초보자는 건너뛰어도 괜찮습니다.

콧구멍의 위치를 정하고, 그곳에 짙은 색 양모를 쿡 찔러 넣습니다. 바늘은 중간 바늘이나 다른 두꺼운 바늘을 사용합니다.

충분히 찔러 넣으면 코에 박힌 양모가 콧구멍처럼 보입니다.

옆에서 봐도 콧구멍이 보이는지 확인합니다.

빨간 선을 참고하여 곧게 찌르기를 합니다 (몸과 연결될 부분은 제외). 초보자는 턱 아래 전체를 찔러 붙이기로 작업하는 편이 쉽습니다.

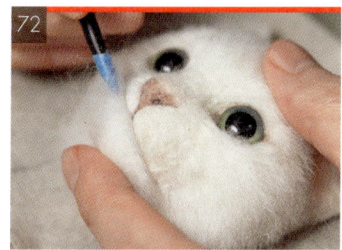
턱 부분은 입가에서 양모를 잡아 턱으로 접어 내리고 찌릅니다.

바늘 자국이 도드라지지 않도록 손가락 바닥으로 문질러 정돈합니다.

여분의 털을 짧게 잘라 다듬습니다.

입에도 분홍색을 입힙니다. 양모를 입에 밀어 넣듯이 찌르면서 입꼬리까지 갔다가 되돌아옵니다.

입에 색을 입히면 더욱 또렷한 인상이 됩니다.

얼굴에 털을 심는 작업이 끝난 모습입니다.

몸에 털 심기

브러시 매트 위에서 몸의 토대를 만듭니다. 턱의 털이 거치적거리지 않도록 시침핀으로 눌러 둡니다.

토대용 양모를 손으로 압축하고, 완성된 토대가 밑그림의 윤곽선보다 5mm 안쪽에 위치하도록 찔러 뭉칩니다.

몸 중앙이 볼록하게 솟아오르도록 뭉쳐 줍니다. 몸의 크기는 액자에 맞추어 정합니다.

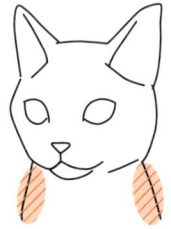
다음은 /// 부위에 털을 심습니다.

털이 바깥쪽으로 퍼지도록 사선 방향으로 곧게 찌르기를 합니다. 약 1.5cm의 털 다발을 5mm 간격으로 심어 줍니다.

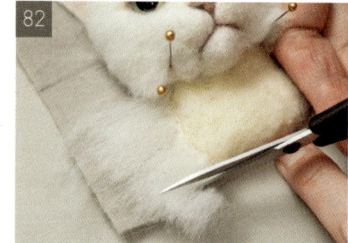
도안지 바깥으로 삐져나온 여분의 털을 자릅니다.

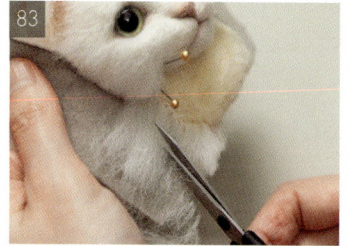
밑그림의 윤곽선을 기준으로 몸의 털이 얼굴선과 이어지도록 자릅니다.

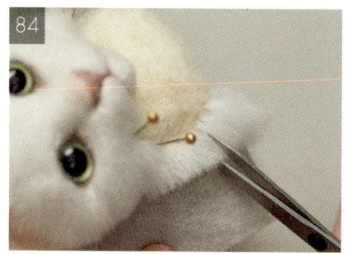
가위로 숱을 치고, 눈썹 빗으로 빗는 작업을 반복하여 몸의 윤곽을 다듬습니다.

몸 안쪽을 향해 81 ~ 84의 과정을 반복합니다. 좌우를 함께 진행합니다.

다음은 /// 부위에 털을 심습니다.

몸 중앙에도 조금씩 양모를 덧대어 곧게 찌르기로 털을 심습니다.

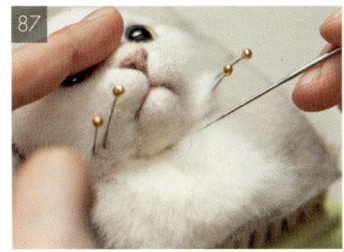

얼굴과 몸의 연결부에 양모를 덧대고, 자연스럽게 이어지도록 찔러 붙입니다.

털 심기가 끝난 모습입니다. 털을 약간 길게 잘랐기 때문에 전체적으로 윤곽이 두리뭉실합니다. 초보자는 밑그림에 가깝게 털을 조금씩 다듬어서 원하는 모습이 나오도록 마무리합니다. 중급자는 골격을 반영하여 다듬는 단계로 넘어가도 좋습니다.

하얀 고양이 White cat
완성도 높이기

여기까지 왔다면 형태는 완성된 상태입니다. 여기서부터는 어디를 손질하면 작품이 좋아질지 마주하는 시간이에요. 사실 평소에 제가 작업할 때는 여기까지의 과정보다 여기부터의 과정이 더 길답니다. '만드는 법'도 '정답'도 없습니다. 끈기 있게 시간을 들여 작품을 마주해 봅시다.

사용하는 도구
커브 가위
가위
거울
칫솔
눈썹 빗

1. 균형을 생각하면서 정수리, 귀 주변 등의 털을 조금씩 짧게 자릅니다.

2. 주둥이 옆의 둥그스름한 부분에 커브 가위를 깊게 넣어 가윗날 끝으로 털을 다듬습니다.

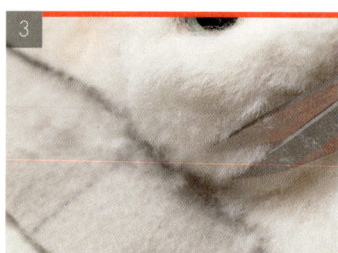
3. 둥그스름한 부분에는 일단 가위를 깊게 넣어서 싹둑 자른 후 세세하게 다듬어 줍니다.

4. 광대뼈 부분도 커브 가위를 깊게 넣어 자릅니다.

5. 옆면을 손질한 모습입니다. 가위를 깊게 넣으면 층이 생기므로 재차 표면을 곱게 다듬어야 합니다.

6. 눈매가 더 또렷해지도록 앞서 새긴 아이라인보다 진한 색 양모를 눈가에 찔러 넣습니다.

7. 사진상 왼쪽이 윤곽을 다듬고 아이라인을 추가한 모습으로 표정이 또랑또랑해 보입니다.

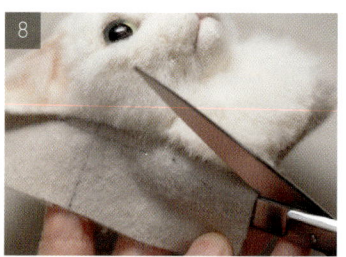
8. 양 눈에 아이라인을 다 새겼다면 펠트지(도안지)를 자릅니다.

9. 펠트지를 잘라낸 모습입니다.

Before

After

털을 정교하게 깎아 다듬으면 뺨, 주둥이, 입의 윤곽이 한층 부각되어 전체적으로 날렵해집니다. 아이라인을 진하게 하면 고양이의 특징 중 하나인 동그란 눈이 강조되어 눈빛이 생생해집니다. 손질하기 전의 뭉실뭉실한 실루엣도 충분히 완성도 있는 작품으로 보이지만 손질하는 것이 차츰 익숙해지면 조금씩 골격을 생각하면서 손질해 봅시다. 몸의 형태는 만들고 싶은 구도에 맞추어 변화를 주세요.

Wakuneco's Point

여러 각도에서 확인하세요!

작품은 입체적이므로 상하좌우에서 만듦새를 확인해야 해요. 뺨에 제대로 음영이 생겼는지, 주둥이 높이와 눈 크기가 균형을 이루는지 등등 어느 각도에서 봐도 자연스럽다면 완성입니다. 마무리로 거울에 비추어 좌우 대칭을 확인하고, 칫솔로 불필요한 털을 떨어내고, 눈썹 빗으로 털 결을 정돈하는 것도 잊지 마세요.

Column 2

작품 만들기에 도전하는 여러분께

구도를 고려하고, 액자를 찾고, 실제로 제작하기까지 작품 만들기는 언제나 시행착오의 연속입니다. 하나의 과정에도 상당한 시간이 걸리는 데다 늘 이것저것 고민하느라 골머리를 앓으면서 작업하고 있어요. 제가 제작하는 '와쿠네코'는 초상화에서 영감을 받은 만큼 반입체로 완성한 고양이의 얼굴을 정사각형 액자에 담습니다. 많은 습작과 실패작을 거치며 개량을 거듭하였기에 이 구도를 찾았을 때 얼마나 기뻤는지 지금도 선명하게 기억이 납니다.

어디 저뿐일까요. 저 말고도 많은 분들이 시행착오를 거쳐 형태화한 자신의 작품에 각별함을 느끼겠지요. 이 책을 손에 든 여러분이 여기에서 소개하는 과정을 참고해 주시는 것은 대단히 감사한 일입니다. 다만 저는 여러분들도 '자신만의 작품'을 고안하여 만들어 내시면 좋겠다는 생각이에요. 니들 펠트를 사랑하는 우리가 서로 영향을 주고받아 뜻이 통하는 동료가 되고, 이와 더불어 다른 사람의 작품도 존중하는 마음이 퍼진다면 정말 멋지지 않을까요?

Chapter 3

와쿠네코 만드는 법
| 응용편 |

여기부터는 하얀 고양이에서 익힌 기본 기법을 활용하여 다양한 고양이에 도전합니다. 아기 고양이를 시작으로 여러 친숙한 고양이를 어떻게 만드는지 소개할게요. 물론 꼭 책에 실린 그대로 만들 필요는 없습니다. 어렵다면 무늬를 줄여도 되고, 자유롭게 자세를 바꾸어도 상관없어요. 작업을 하다보면 예상치 못한 귀여움을 발견할 수 있을지 모릅니다.

아기 고양이 Kitten

Chapter 2 기본편에서 하얀 고양이 제작 단계를 파악했다면 그것을 응용하여 골격이 다른 사랑스러운 아기 고양이도 만들 수 있습니다. 만드는 법과 과정은 똑같아요. 아기 고양이의 어떤 표정을 포착하고 싶은지 명확히 아는 것이 중요한 포인트입니다. 만들고 싶은 아이의 사진이며 자료를 충분히 모으세요.

사용한 양모·눈

흰색

검은색

분홍색(흰색·검은색·분홍색은 15페이지 참조)

메리노 울/너트(nut) 【소메테이크】

메리노 울/여우(fox) (극소량) 【소메테이크】

플라스틱 눈/투명 10.5mm 【하마나카】

모든 부위가 작아야 아기 고양이다워요.
아기 고양이의 얼굴을 어느 정도로 작게 만들어야 하는지 고민하는 분도 있으실 텐데, 사진을 바탕으로 본을 만들면 윤곽선을 비롯하여 코와 눈의 위치가 정해집니다. 코는 자칫 커지기 쉬운 부위이니 너무 작은가 싶을 정도로 만들어도 괜찮아요. 단, 귀는 큰 아이가 있는가 하면 작은 아이도 있어서 정답이 없습니다. 일단은 하얀 고양이와 같은 크기로 하고, 익숙해지면 만들고 싶은 고양이에 맞추어 조절하세요.

Point 1
귀의 색과 무늬를 자연스럽게 연결하기 위해 경계가 생기지 않도록 같은 색 양모를 사용합니다. 귀에 무늬를 넣는 방법은 99페이지를 참조하세요.

Point 2
무늬의 색은 먼저 흰색과 검은색을 섞어 농도를 조절한 후, 조금씩 갈색을 섞어 원하는 색으로 조절하는 것이 포인트입니다.

Point 3
얼룩을 넣고 싶다면 형태가 무너지지 않도록 꼭 토대를 단단히 뭉쳐 두어야 합니다!

Point 4
앞발을 달고 싶은 경우에는 액자 모양에 맞는 길이로 잘라서 달아 줍니다. 균형에 주의하세요!

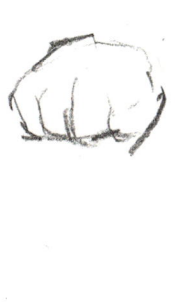

얼룩무늬 털 심기

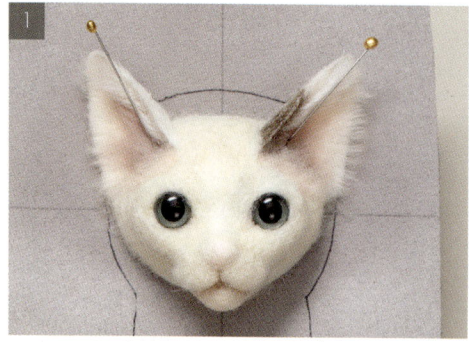

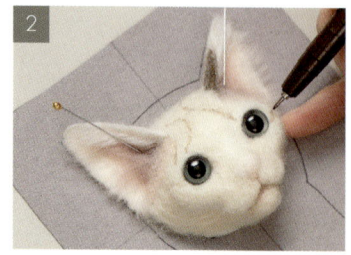

참고할 아기 고양이의 사진을 복사해 본을 만들고, 하얀 고양이와 같은 요령으로 토대를 만듭니다(46페이지 ~). 눈은 플라스틱 인형 눈에 남색 매니큐어로 색을 입혔습니다.

무늬에 맞추어 밑그림을 그립니다. 자유롭게 털을 심을 수 있도록 밑그림은 기준선 정도로만 그리면 됩니다.

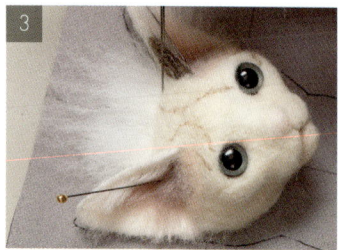

하얀 고양이와 마찬가지로 흰색 양모를 바깥쪽부터 곧게 찌르기로 심습니다.

도안지의 밑그림에 맞추어 털을 자릅니다. 복슬복슬한 느낌이 나도록 좀 길게 자른 뒤 가위를 세로로 깊게 넣어 다듬어 줍니다.

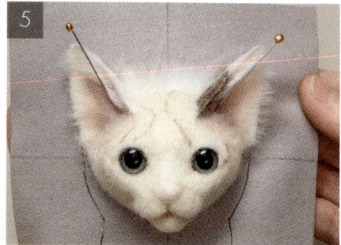

숱을 치듯이 삐죽삐죽하게 다듬으면 복슬복슬한 털이 완성됩니다.

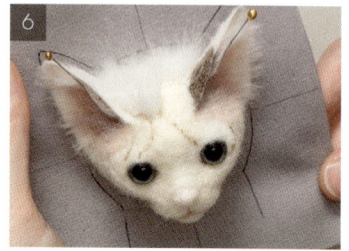

바깥쪽에서 중앙까지 흰색 양모를 쭉 심습니다. 오른쪽에는 갈색 양모를 심습니다.

귀와 토대가 연결된 부분에 귀에 사용한 것과 똑같은 갈색 양모를 곧게 찌르기로 심습니다(색은 69페이지 Point 2 참조).

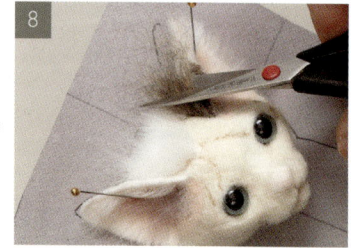

일렬로 곧게 찌르기를 했다면 털을 자릅니다. 6에서 심은 흰 털과 같은 길이로 자릅니다.

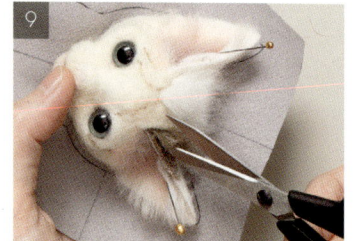

털을 잘랐다면 귀의 갈색 부분과 이어지도록 다듬습니다.

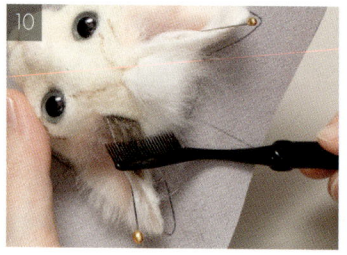

털이 귀 쪽을 향하도록 눈썹 빗으로 빗습니다. 이 일련의 작업은 어느 고양이에게나 공통입니다.

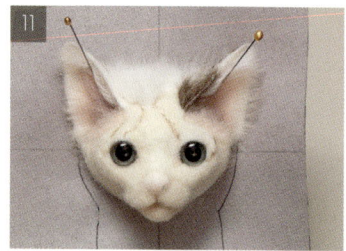

갈색 털과 귀의 무늬가 자연스럽게 이어졌습니다. 같은 요령으로 짙은 색 양모를 정수리까지 심습니다.

밝은 색과 짙은 색 양모를 손으로 섞어서 일부러 얼룩지게 만듭니다.

왼쪽이 손으로 섞은 양모입니다. 이것을 한 다발씩 곧게 찌르기로 심으면 따로 무늬를 넣지 않아도 자연스러운 모양이 나옵니다.

중앙으로 갈수록 색이 짙어지도록 곧게 찌르기를 합니다. 심은 털 다발이 섞이지 않도록 시침핀으로 눌러 두면 편합니다.

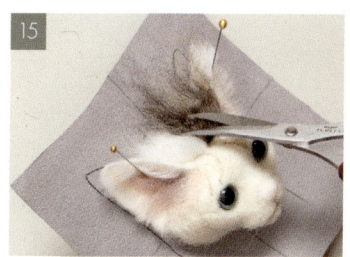

한 다발을 심었다면 이마의 곡선을 따라 자른 뒤 다듬습니다. 털을 심고, 자르고, 다듬는 3단계를 반복해서 합니다.

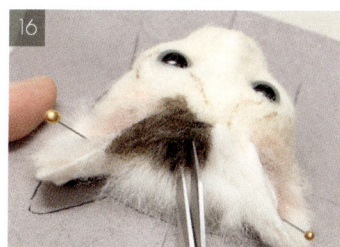

위아래를 뒤집어 놓고, 위에서 가위를 넣어 무늬의 길이와 모양새를 조절합니다. 어떤 무늬로 하고 싶은지를 생각하면서 손질합니다.

정면에서 본 모습입니다. 중앙과 귀 옆에서 색이 분명하게 나뉜 것이 보입니다.

오른쪽처럼 폭이 넓은 무늬는 곧게 찌르기로, 왼쪽처럼 세세한 무늬는 고리 찌르기로 심습니다. 이것을 여러 차례 반복합니다.

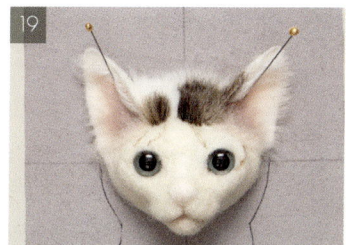

다 심었다면 털을 자르고 다듬습니다.

얼굴 옆면은 하얀 고양이와 마찬가지로 바깥쪽부터 층층이 곧게 찌르기를 합니다.

털을 다 심었다면 밑그림에 맞추어 자른 뒤 다듬습니다.

가위를 깊게 넣어 다듬으면 이렇게 복슬복슬한 느낌이 나옵니다.

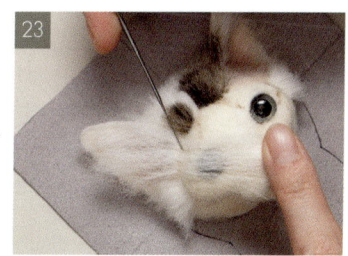

귀 앞(이마로 이어지는 부분)에 흰색 양모를 곧게 찌르기로 심습니다.

다 심었다면 털을 자르고 다듬습니다. 이마와 뺨에 심은 털이 완만하게 이어졌습니다.

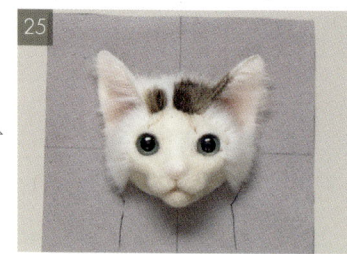
눈가까지 곧게 찌르기를 반복합니다.

자신이 만들고 싶은 고양이의 사진을 잘 살펴보고, 원하는 대로 무늬를 넣습니다.

털을 심는 순서는 기본적으로 하얀 고양이와 똑같습니다. 자잘한 무늬에 너무 얽매이지 않고 일단은 대략적인 인상부터 만드는 것이 중요합니다.

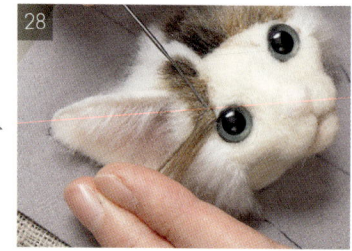
눈 부근은 털 다발을 얇게 해서 심습니다. 털 다발이 두꺼우면 눈가에 볼륨이 생겨 균형이 깨져 버립니다.

눈 위부터 이마까지 원하는 색을 자유롭게 입혀 줍니다. 곧게 찌르기든 고리 찌르기든 하기 쉬운 쪽으로 작업하면 됩니다.

다 심었다면 반드시 역방향에서 균형을 살피고, 자신이 생각한 모양새로 만들어졌는지 확인하면서 털을 잘라 줍니다.

털을 다 자른 모습입니다.

이마부터 주둥이까지는 곧게 찌르기로 흰색 양모를 심습니다. 무늬와의 경계선이 깔끔하게 감추어지도록 털을 눕히듯이 심습니다.

이마가 너무 튀어나오지 않도록 양모의 양을 좀 적게 잡는 것이 포인트입니다.

곧게 찌르기를 한 차례 끝냈다면 모근을 찔러 단단히 고정합니다.

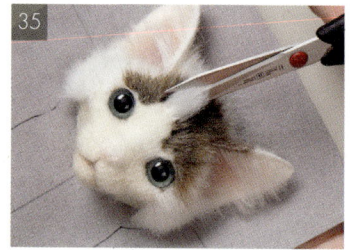
위아래를 뒤집어 놓고, 균형을 살피면서 가위로 다듬습니다.

흰 털이 갈색 털 사이에 자연스럽게 어우러지는지 살피면서 곧게 찌르기를 반복합니다.

곧게 찌르기로 층층이 털을 심은 모습입니다.

이마 모양을 따라 커브 가위로 털을 자릅니다. 가위로 털을 다듬고 나서 무늬의 모양새를 조절합니다.

무늬 위에 흰 털이 깔끔하게 얹히는 것을 목표로 작업합니다.

곧게 찌르기로 눈가에 털을 심습니다. 눈가는 무늬가 까다로운 경우가 많은데, 일단 적당히 색을 입힌다는 느낌으로 작업합니다.

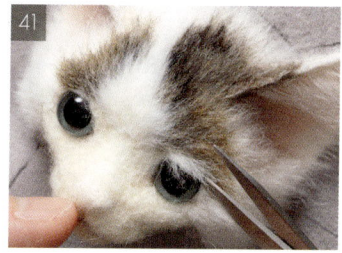

눈가는 털을 심은 모양새에 따라 인상이 달라지므로 실패했다면 수정하고, 어떻게 심어야 가장 귀여워 보일지 궁리하면서 작업합니다.

하얀 고양이의 과정을 참고하여 얼굴 아랫부분에도 털을 심습니다.

얼굴 전체에 털 심기를 끝낸 모습입니다. 여기서 마무리해도 좋습니다.

아이라인은 꼭 새겨야 좋은 것은 아닙니다. 새기기 전이 더 귀여운 경우에는 아이라인 없이 마무리하겠다는 판단도 중요합니다.

주둥이에 갈색 얼룩을 넣습니다. 잘게 찢은 양모를 찔러 붙이기로 작업해 무늬를 표현합니다.

처음에 적당히 색을 입힌 곳도 꼼꼼히 관찰하고, 자잘한 무늬를 조금씩 추가합니다.

잘게 찢은 양모를 코 위에 찔러 붙여 얼룩을 만들 수도 있습니다. 단, 코의 형태가 무너질 것 같다면 무리하지 않습니다.

코와 주둥이에 무늬를 넣은 모습입니다.

옆에서 본 모습입니다.

밑에서 본 완성된 얼굴 모습입니다.

앞발 만들기

원하는 액자(이번에는 엽서 크기)를 준비합니다. 둥글게 찔러 뭉친 양모를 얼굴 가까이에 놓고 앞발의 크기를 가늠합니다.

동그란 털 뭉치가 만들려는 앞발의 크기입니다. 자세를 정하고, 털 뭉치보다 조금 작게 밑그림을 그립니다. 사진은 길게 뻗은 앞발의 밑그림입니다.

밑그림보다 약간 크게 토대용 양모를 찔러 뭉칩니다. 앞발도 이렇게 반입체로 만들어야 액자에 밀착시키기 쉽습니다.

잘게 찢은 흰색 양모로 토대를 덮는다 생각하고 찔러 붙이기를 합니다.

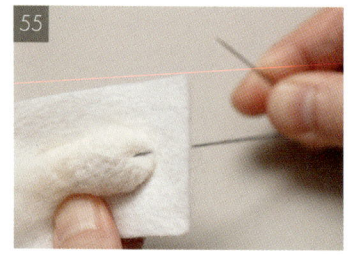
발가락을 만듭니다. 굵은 회색 실을 손바늘에 꿰어 뒤에서 앞으로 찌르고, 힘껏 잡아당겨 꿰맵니다.

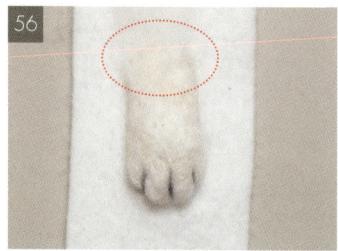
55의 발가락 작업을 총 3번하여 발가락을 만듭니다(며느리발톱은 생략). 점선 부분은 앞발을 붙일 위치를 정할 때까지 뭉치지 않고 그대로 둡니다.

금속 브러시로 보푸라기를 일으켜 회색 실을 덮습니다. 토대를 덜 뭉치면 보푸라기가 잘 일어나지 않는 원인이 되니 토대를 잘 뭉치는 것이 중요합니다.

길게 삐져나온 털을 자르고, 앞발을 도안지에서 잘라냅니다.

발가락 사이에 두꺼운 바늘을 쑥 밀어 넣듯이 찔러서 홈을 새깁니다.

앞발이 액자에 밀착되도록 힘을 주어 둥글게 구부립니다.

얼굴과 앞발을 액자에 올려놓고, 균형을 살피면서 구도를 정합니다. 앞발이 길다면 원하는 길이로 자른 뒤 단면을 찔러 뭉칩니다.

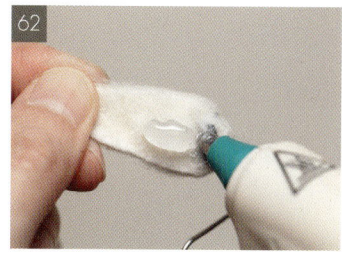
글루 건으로 앞발을 액자에 고정합니다. 접착제는 마를 때 미묘하게 형태가 달라지는 경우가 있어서 글루 건으로 붙이는 편이 간단합니다.

완성된 모습입니다. 이번에는 양발을 다 만들었지만 한 발만 만들어도 무척 귀엽답니다.

장모 턱시도 Bicolor Cat

앞에서 익힌 내용을 응용하여 장모종 고양이 만드는 법을 소개하겠습니다. 모델은 턱시도 고양이예요. 토대의 형태는 단모종 고양이와 똑같지만 길게 심은 양모를 잘라서 다양한 모습을 만들 수 있습니다.

사용한 양모·눈

흰색
검은색
분홍색(흰색·검은색·분홍색은 15페이지 참조)
메리노 울/그레이지(greige)【클로버】
레진 눈/12mm

털에서도 개성을 발견해 보세요

한마디로 장모종이라고 해도 폭신폭신, 복슬복슬, 사락사락 등 고양이의 털에는 제각기 그 고양이만의 특징이 있습니다. 이번에 만들 턱시도 고양이의 모델이 된 고양이는 완전한 직모라기보다는 곱슬기가 있는 털이 큰 특징이랍니다. 게다가 유심히 관찰하면 엉덩이 쪽 털이 약간 밝은 색이지요. 이렇게 각기 그 고양이만의 개성을 찾아 표현해 보세요. 과정에 얽매이지 않고, 자유로운 발상으로 제작할 수 있다면 더할 나위 없이 좋습니다.

Model

고양이 보호소 러브&해피/아폴로
홈페이지 https://lovetohappy.com/

Point 1
흰색과 검은색 양모에 모헤어를 조금 섞으면 윤기 나는 털을 표현할 수 있어요. 모헤어의 양이 많으면 심기 어려우므로 자신이 작업하기 편한 비율을 찾는 것이 중요합니다.

Point 2
가위를 모근에 가깝게 깊이 넣는 것이 곱슬기 있는 털을 표현하는 비결입니다.

Point 3
꼬리 각도를 바꿔서 발끝까지 보이게 만들어도 귀여워요. 발끝은 74페이지를 참고하세요.

액자에 맞추어 밑그림 그리기

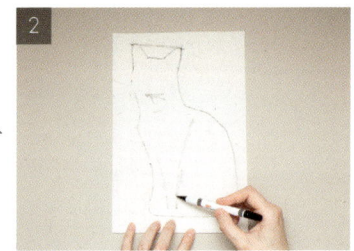

1. 원하는 액자에 맞추어 만들고 싶은 자세를 종이에 그립니다. 사진을 복사해도 좋습니다.

2. 사인펜으로 펠트지에 밑그림을 베낍니다. 몸의 형태를 알기 쉽도록 일단은 단모종 고양이를 바탕으로 밑그림을 그립니다.

3. 도안지가 완성됐습니다. 이 밑그림의 크기를 기준으로 고양이의 얼굴 본을 만듭니다. 그다음은 하얀 고양이를 만드는 과정과 똑같습니다.

긴 털 심기

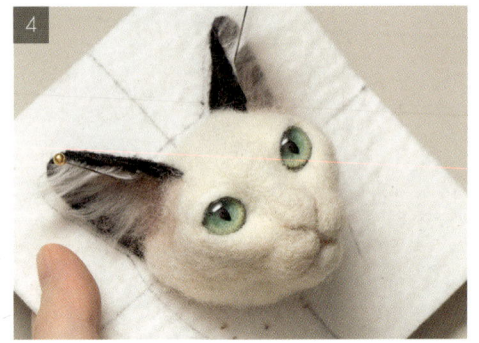

4. 귀는 검은색 메리노 울로 만들었습니다. 장모종도 골격은 단모종과 다르지 않기 때문에 똑같은 토대를 만듭니다.

5. 무늬에 맞추어 선을 그립니다. 털을 심으면서 조절할 수 있으니 대강 그려도 괜찮습니다.

6. 정수리와 얼굴 옆면에 곧게 찌르기를 합니다. 곧게 찌르기로 심는 털 다발의 두께는 하얀 고양이 때와 똑같아도 되지만 길이는 더 길어야 합니다.

7. 만들고 싶은 고양이의 사진을 보며 여분의 양모를 자릅니다.

8. 위를 세로로 들고 숱을 치듯이 다듬습니다. 가위를 깊게 넣어서 다듬어 줍니다.

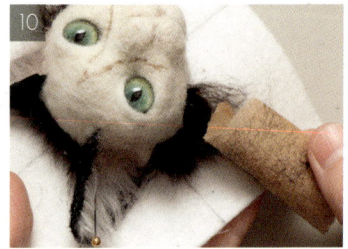

9. 눈썹 빗으로 털을 빗어 정돈하면서 불필요한 양모도 떨어냅니다.

10. 불필요한 양모는 종이테이프로 부지런히 정리합니다. 이 과정은 작품을 아름답게 마무리하는 데 매우 중요하므로 털을 자를 때마다 꼭 해 줍니다.

11. 얼굴 옆면은 털을 층층이 심습니다. 사진은 털 심기를 한 층 끝낸 모습입니다. 이어서 한 층씩 차곡차곡 털을 심어 나가면 됩니다.

얼굴 옆면은 털을 길게 잡아 심습니다.

얼굴 중심으로 갈수록 털을 짧게 잡아 심습니다. 어렵다면 여기부터 중앙까지 찔러 붙이기로 작업해도 괜찮습니다.

5에서 그린 선까지 털을 심었습니다.

흰 털과 검은 털의 경계선에 심을 양모입니다. 덜 섞인 양모를 사용하면 경계선이 자연스럽게 마무리됩니다.

흰 털과 검은 털의 경계선을 따라 15의 덜 섞인 양모를 심습니다. 편한 기법으로 심어줍니다.

코 위쪽 하얀 부분에 흰색 양모를 심고, 무늬를 고려하면서 여분의 털을 자릅니다.

표정을 살리기 쉽도록 코와 입가에 분홍색 블러셔를 바릅니다.

빨간 선 아래는 몸과 연결되는 부분이라 털을 심지 않습니다. 다른 부분은 하얀 고양이와 똑같은 과정으로 털을 심습니다. 단, 길이는 길게 남겨 둡니다.

여기까지는 털을 길게 놔두고, 이다음부터는 짧게 자르면서 작업합니다.

Wakuneco's Point

턱시도 고양이의 아름다운 털빛을 완성하기 위한 비법! 두 색이 섞이지 않도록 하기

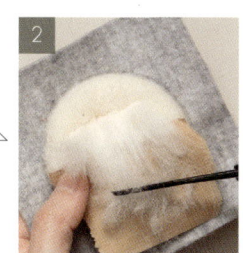

턱시도 고양이처럼 털빛의 대비가 명확한 경우에는 잘라낸 불필요한 털이 섞여들지 않도록 정리하는 작업이 완성도를 높이는 데 중요합니다. 자른 털을 다듬을 때는 왼쪽 사진처럼 종이테이프의 접착면이 위로 오도록 두고 작업하는 것이 좋아요.

흰색 양모를 심을 때, 짙은 색 천을 아래에 깔면 흰색이 잘 보여서 작업하기 쉽습니다.

하얀 고양이의 과정을 참고하여 주둥이까지 털을 심습니다. 자를 때는 긴 털에 짧은 털이 포개지도록 자릅니다.

검은색 양모를 소량씩 잡고, 코와 코 위쪽 무늬에 색을 입힙니다. 모델로 삼은 고양이가 없다면 무늬 없이 분홍색 코로 완성해도 귀여울겁니다.

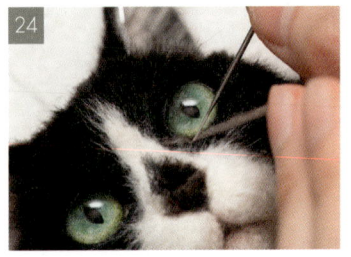
검은색과 분홍색을 섞은 양모를 눈가에 심습니다.

얼굴에 털 심기를 완료한 모습입니다.

몸 만들기

크게 만들 때는 생활용품점 등에서 판매하는 크고 단단한 우레탄 매트가 편리합니다.

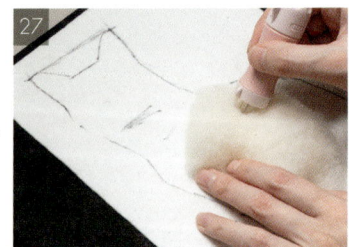
도안지의 몸 부분에 토대용 양모를 얹고, 시판 바늘 홀더를 사용해 쿡쿡 찔러 뭉칩니다.

어느 정도 뭉쳤다면 고양이 사진을 관찰하면서 몸의 굴곡을 만듭니다. 토대가 군데군데 뭉치지 않도록 주의하면서 작업합니다.

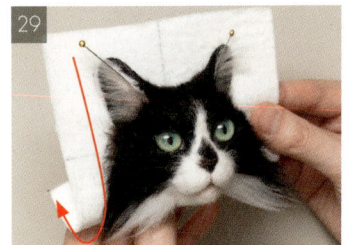
얼굴의 도안지를 목 아래에서 뒤로 접습니다.

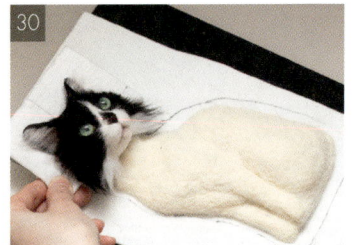
얼굴과 몸의 균형이 맞는지 확인합니다. 이번에는 꼬리가 발 위로 올라가기 때문에 발가락은 일부러 만들지 않습니다. 상황에 따라 임기응변이 필요하기도 합니다.

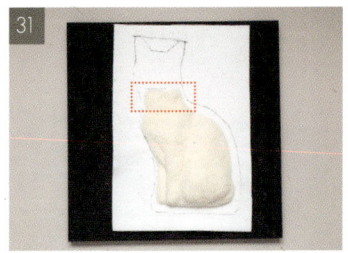
점선 부분은 나중에 얼굴과 연결해야 하므로 뭉치지 않고 그냥 둡니다.

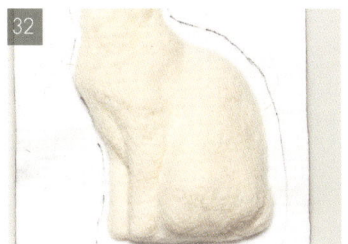

몸의 두께는 실제 고양이를 똑같이 재현하는 것이 아니라 자신이 구상한 대로 변형하면 됩니다.

빨간 선 아래는 꼬리에 감길 부분이므로 찔러 붙이기를 하고, 빨간 선 위는 털 다발이 아래를 향하도록 곧게 찌르기를 합니다.

찔러 붙이기 한 부분을 털 다발로 덮듯이 곧게 찌르기를 반복합니다. 털을 자를 때는 가슴으로 올라갈수록 길게 자릅니다.

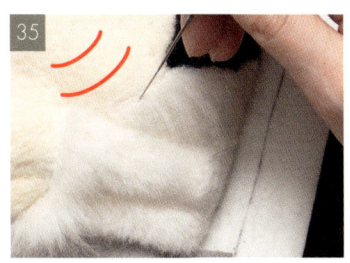

몸 부분도 마찬가지입니다. 털의 흐름(결)을 염두에 두고, 아래에서 위로 곧게 찌르기를 진행합니다. 양모의 양은 심기 편한 분량이면 됩니다.

검은색(왼쪽) 양모와 그레이지(중앙) 양모를 섞어서 다갈색(오른쪽) 양모를 만듭니다.

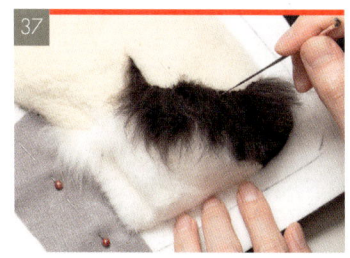

사실 고양이의 털은 부위에 따라 미묘하게 색이 다릅니다. 모델 고양이도 자세히 보면 엉덩이 쪽이 약간 밝은 색이므로 36에서 만든 양모를 심습니다.

모델 고양이처럼 털에 곱슬기를 더하고 싶다면 헤어매직기로 양모를 살짝 구부립니다.

이렇게 구부려서 심으면 곱슬기가 있는 털을 생생하게 연출할 수 있습니다.

가슴 위까지 곧게 찌르기를 진행합니다. 흰 털과 검은 털이 섞이지 않도록 시침핀으로 검은 털을 눌러 둡니다.

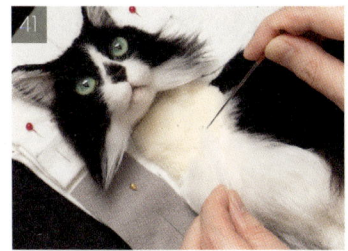

가슴 위까지 털을 다 심었다면 머리(얼굴)를 임시로 올려놓고 균형을 확인합니다. 몸이 빈약해 보인다면 털을 추가합니다.

머리에도 털을 추가해야 한다면 이 단계에서 해 둡니다. 그리고 머리를 붙일 적절한 위치를 가늠합니다.

머리를 어디에 붙일지 결정했다면 머리의 도안지를 아랫부분만 남기고 잘라냅니다.

머리가 닿을 부분에 접착제를 짜고, 주걱이나 다른 비슷한 도구로 얇게 펴 바릅니다. 접착제가 두꺼우면 몸의 토대에 스며들어서 바늘이 들어가지 않게 됩니다.

머리가 몸의 토대와 밀착되도록 꾹 눌러 고정합니다.

머리에 달린 도안지를 몸의 토대와 도안지 사이에 끼웁니다.

목 부분에 토대용 양모를 덧대고, 머리와 몸이 자연스럽게 연결되도록 찔러 뭉칩니다.

곧게 찌르기든 고리 찌르기든 원하는 기법으로 얼굴과 몸의 경계선을 메웁니다.

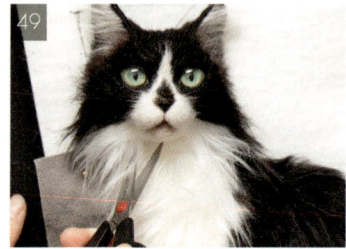

얼굴과 몸이 자연스럽게 이어지면 완성입니다. 가위로 다듬어서 마무리합니다.

이번 모델 고양이는 벚꽃 귀이므로 전체적인 균형을 살피면서 귀 끝을 V자로 조금씩 잘라 줍니다.
※ 벚꽃 귀 : 중성화 수술을 받았다는 표시로 귀 끝을 V자(벚꽃 꽃잎 모양)로 자른 귀

몸 크기에 맞는 꼬리 모양을 생각하여 펠트지에 밑그림을 그립니다.

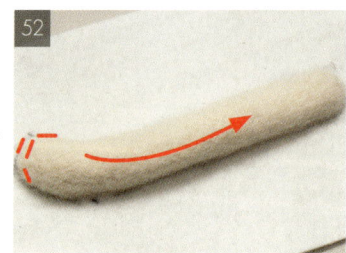

꼬리의 토대를 만들고, 화살표 방향으로 층층이 곧게 찌르기를 진행합니다.

꼬리 끝부터 털을 심는데, 이번에는 검은색 양모에 36에서 만든 다갈색 양모를 섞어서 심었습니다.

꼬리 뿌리(꼬리가 시작되는 곳)를 향해 곧게 찌르기를 합니다. 뿌리로 갈수록 털이 짧아지게 심어 줍니다.

뿌리 부분은 털이 화살표 방향을 향하도록 심습니다.

56 꼬리털을 가위로 다듬고, 꼬리의 펠트지(도안지)를 잘라냅니다.

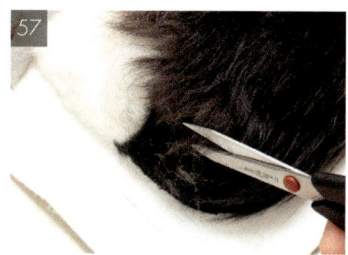
57 엉덩이 쪽(꼬리가 올라올 부분)의 불필요한 털을 짧게 자릅니다.

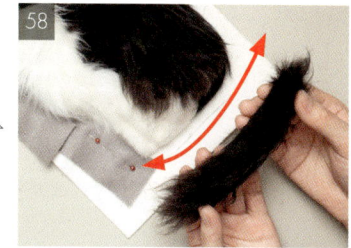
58 꼬리가 몸에 착 감기도록 손가락으로 꼬리를 살짝 구부려 곡선으로 만듭니다.

59 꼬리를 달 때는 접착제보다 실을 추천합니다. 꿰매서 다는 편이 의도한 모양대로 고정하기 쉽습니다.

60 먼저 꼬리 끝부분을 몸에 꿰맵니다.

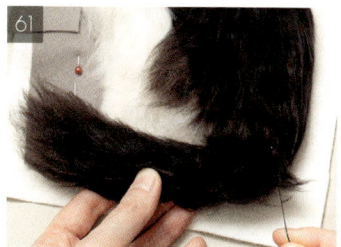
61 꼬리가 휘지 않도록 주의하면서 실을 팽팽히 당기고, 매듭이 보이지 않는 위치에서 매듭을 짓습니다.

62 발끝이 감춰지도록 꼬리를 얹고, 화살표 방향으로 지그시 누르면서 꿰맵답니다.

63 ▲ 표시가 있는 곳이 매듭 위치의 기준입니다. 제대로 고정된다면 어디든 상관없습니다.

64 이렇게 아래에서 발끝이 들여다보이면 완성도가 떨어져서 안 됩니다.

65 꼬리를 달아 완성한 모습입니다. 75페이지와 마찬가지로 원하는 액자에 넣습니다.

Column 3

액자와 구도를 바꾸어서
당신만의 '작품'을 만드세요.

작품 제작에 정답은 없습니다.
아이디어에 따라 얼마든지 확장되는 액자와 고양이의 세계.
선입견에 얽매이지 말고, 자유로운 발상으로 나만의 독창적인 '작품'을 만들어 봅시다.

아래의 두 작품은 Chapter 3에서 소개한 고양이들입니다. 오른쪽은 아래의 두 고양이를 다른 구도로 만든 작품이고요. 보시다시피 와쿠네코는 크기, 자세, 몸의 비율에 따라 그 인상이 크게 달라집니다.
평소에 제가 만드는 주문 제작 작품은 정면을 바라보도록 디자인합니다만, 고개의 각도를 아주 조금 바꾸기만 해도 그 고양이가 가진 개성을 담아낼 수 있다고 생각해요. 한 액자에 고양이를 여러 마리 배치하는 구도로 만들어도 귀여울 겁니다. 변주의 가능성은 무한대입니다.
독창적인 스타일을 스스로 찾아내는 것은 무리라고 생각하는 분도 아마 계시겠지요. 하지만 처음부터 마음에 쏙 드는 형식을 발견하기란 누구에게나 어려운 일입니다. 30페이지에서 이야기했듯이 만들기 전에 먼저 스케치를 그려 보고, 다양한 구도에 도전해 보세요. 예상치 못한 '새로운 발견'이 찾아올지도 모릅니다.
이 책을 읽고 계신 여러분도 부디 즐거운 마음으로 자신만의 스타일을 찾아보셨으면 합니다.

Before

After

고등어태비 Silver Tabby Cat

'고양이' 하면 떠오르는 대표적인 무늬입니다. 줄무늬는 언뜻 복잡하고 어려워 보이지만 실제 작업은 무척 단순합니다. 양모의 색을 바꾸면 브라운태비와 치즈태비도 만들 수 있으니 꼭 도전해 보세요.

사용한 양모·눈

흰색
검은색
분홍색(흰색·검은색·분홍색은 15페이지 참조)
메리노 울/버팔로(buffalo) (눈머리)
【소메테이크】
플라스틱 눈/투명 12mm
【하마나카】

무늬를 넣는 과정은 간소화해도 괜찮아요

이 책에서는 밑그림대로 털을 심는데, 만약 어렵게 느껴진다면 다른 방법도 있습니다. 회색 양모를 얼굴 전체에 곧게 찌르기로 심은 뒤, 무늬를 넣고 싶은 곳에 고리 찌르기로 검은색 양모를 심는 방법입니다. 그렇게 해도 무늬가 나오거든요. 만약 균형이 맞지 않는다면 고리 찌르기로 심은 털 다발을 뽑아내고 다시 심으면 됩니다. 초보자도 도전하기 쉬워요. 무늬의 범위를 좁게 잡으면 더욱 쉬워지고요. 자신의 수준에 맞추어 자유롭게 무늬를 넣어 주세요.

Point 1
무늬는 자른 단면에서 나타나기 때문에 가위를 섬세하게 다뤄야 해요. 어떻게 다듬으면 좋을지 헤매지 않기 위해서도 자료 수집은 중요합니다.

Point 2
무늬는 고양이마다 다릅니다. 책의 모델에 얽매이지 말고, 자신이 원하는 대로 무늬를 넣어 보세요.

Point 3
무늬는 토대의 두께에 따라서도 보이는 범위가 달라집니다. 똑같이 재현하는 것이 아니라 자연스러워 보이는 것이 중요해요.

Point 4
바탕색이 되는 회색은 흰색과 검은색 양모를 섞어서 만들어요. 무늬가 너무 작아 어려운 경우에는 70페이지의 아기 고양이 무늬를 참고해서 넣어도 좋습니다.

줄무늬 털 심기

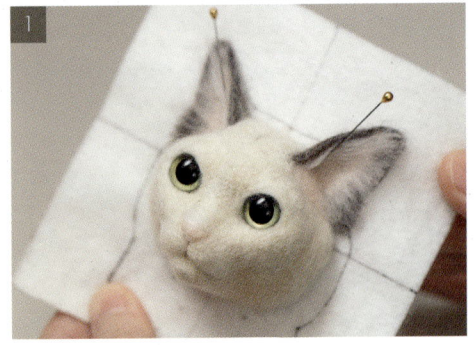

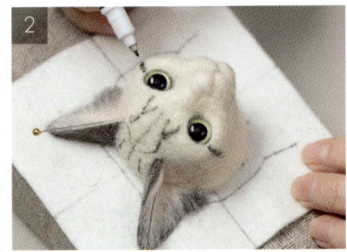

토대는 하얀 고양이와 똑같은 과정으로 제작합니다. 단, 옆면은 하얀 고양이보다 약간 통통하게 만듭니다. 귀 바깥쪽은 회색 양모로 만듭니다.

토대의 이마 부분에 무늬의 밑그림을 그립니다. 어렵다면 가장 눈에 띄는 검은 줄무늬를 그립니다. 위의 사진과 달라도 괜찮습니다.

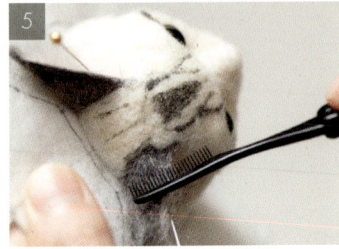

귀에 사용한 것과 똑같은 색의 양모를 곧게 찌르기로 귀 옆면에 심습니다.

다 심었다면 빨간 선(도안지의 밑그림)을 기준으로 자릅니다. 불안한 경우에는 2~3mm 가량 더 길게 자릅니다.

가위를 세로로 넣어 숱을 치고, 단면을 자연스럽게 다듬은 뒤 눈썹 빗으로 빗습니다.

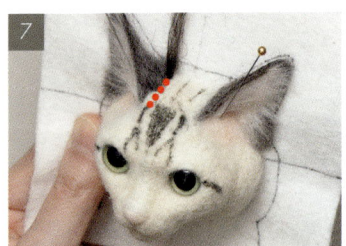

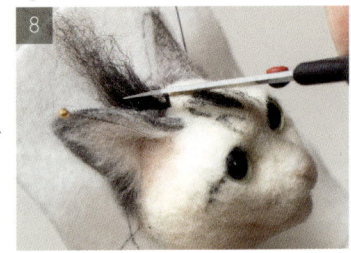

이번에는 고리 찌르기로 무늬를 넣습니다. 검게 보이는 곳도 바탕색인 회색을 소량 섞으면 자연스러워 보입니다.

이렇게 바깥쪽에서 앞쪽으로 밑그림을 따라 고리 찌르기를 진행합니다.

앞쪽까지 다 심었다면 밑그림에 맞추어 털을 자릅니다.

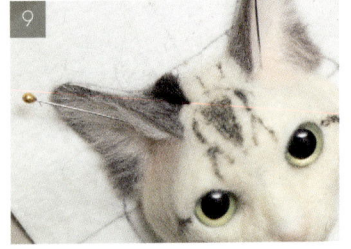

아직 옆쪽에는 털을 심지 않은 상태여서 무늬가 가로로 퍼져 보이는데, 작업을 다 진행하고 나면 자연스러워질 겁니다.

양모의 색(농담)을 조절하면서 같은 요령으로 고리 찌르기를 진행합니다. 나중에 수정할 수 있으니 너무 고민하지 말고 작업해 봅니다.

이 단계에서는 무늬가 뚜렷한 지보다 한눈에 비슷해 보이는 지가 더 중요합니다.

귀의 이음매에 곧게 찌르기로 털을 심습니다. 이마에 심은 털과 이어지도록 심습니다.

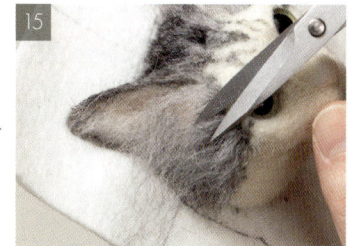

하얀 고양이와 같은 순서로 바깥쪽부터 눈 옆까지 빨간 선을 참고하여 곧게 찌르기를 합니다. 필요한 털 다발의 수는 머리의 두께에 따라 달라집니다.

바깥쪽부터 차곡차곡 털을 심은 모습입니다. 한 줄이 끝나면 밑그림에 맞추어 자르고, 한 줄씩 좌우 교대로 진행합니다.

커브 가위로 얼굴 옆면의 곡선을 따라 털을 자릅니다. 그런 다음 가위를 세로로 넣어 다듬습니다.

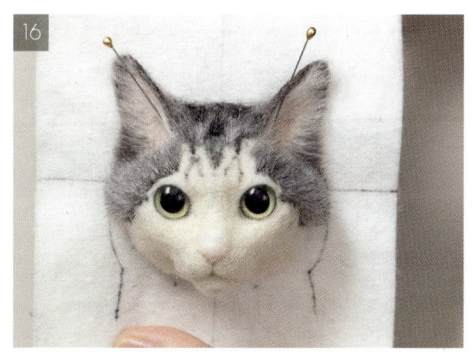

얼굴 옆면 바깥쪽부터 눈 옆까지 쭉 털을 심었습니다.

눈가는 털 다발의 양을 적게 잡고, 색을 조절해 가며 심습니다. 색을 조절하면서 심기가 어렵다면 나중에 추가해도 괜찮습니다.

색을 조절하면서 심을 때는 밝은색을 추가하고, 이 단계에서 털을 한 차례 손질합니다. 자잘한 무늬가 드러나도록 가위로 잘라줍니다.

밑그림에 맞추어 고리 찌르기를 해서 검은 줄무늬를 넣습니다. 실패했다면 털을 모근부터 뽑아낸 뒤 다시 작업하면 됩니다.

털 다발의 두께는 이 정도입니다. 다 심었다면 털을 자릅니다.

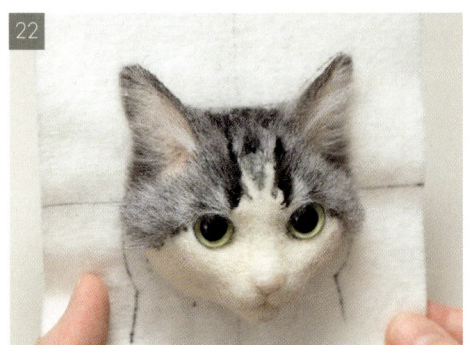

토대와 평행하게 자르면 검은 줄무늬가 두껍게 나타나기 때문에 가위를 세로로 들고 잘라 줍니다. 반대쪽도 똑같이 작업합니다.

밑그림대로 검은 줄무늬가 들어간 모습입니다.

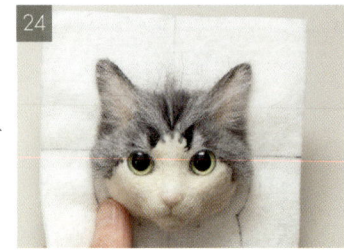

이마 중앙에 털을 심습니다. 털의 색을 조절해 가며 원하는 기법으로 바깥쪽에서 정면을 향해 심어 줍니다.

밑그림에 맞추어 회색과 검은색 털을 고리찌르기로 심었습니다. 털의 양에는 정답이 없습니다. 너무 많으면 뽑고, 빈틈이 있으면 메우면 됩니다.

털을 잘라야 무늬가 나타나므로 단면이 드러나도록 가위를 털에 비스듬히 넣어 자릅니다.

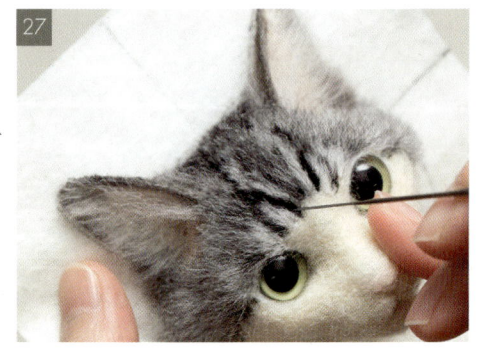

털이 아직 긴 상태라 무늬가 또렷하지 않습니다. 가위를 더 깊게 넣어 다듬으면 무늬가 또렷해집니다.

무늬를 더 살리고 싶은 부분에 잘게 찢은 검은색 양모를 조금씩 심어 줍니다.

눈가에 털을 심습니다. 고리 찌르기로 눈머리 앞에 털을 심은 뒤 눈매에 맞추어 눕힙니다.

전체적으로 봤을 때 색(농담)을 손보고 싶은 곳이 있다면 털 사이에 고리 찌르기를 해서 조절합니다.

이마의 시작점이 도드라져 보이지 않도록 시작점 아래에 곧게 찌르기를 하여 털 다발로 자연스럽게 덮어 줍니다.

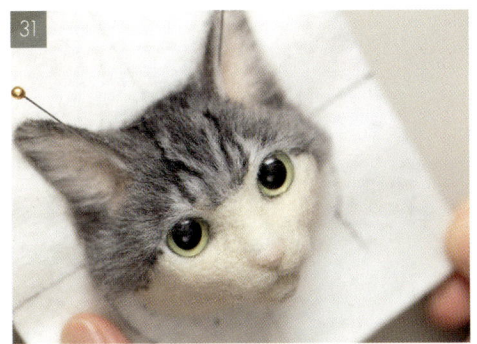

얼굴 윗부분에 털을 다 심었습니다. 초보자는 정교하게 무늬를 넣는 것보다 일단 전체적으로 비슷한 인상을 만드는 것이 중요합니다.

얼굴 옆면에 밑그림을 그립니다. 어렵다면 이 과정은 생략하고, 얼굴 아랫부분 전체를 흰색 양모로만 작업해도 괜찮습니다.

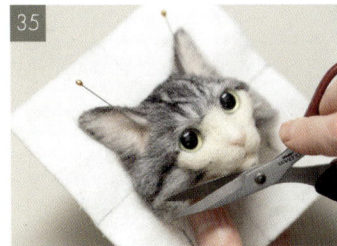

6 ~ 8의 작업을 반복하여 얼굴 옆면에 고리 찌르기로 무늬를 넣습니다.

이마와 마찬가지로 아직 아래쪽에 털을 심지 않은 상태라 무늬가 퍼져 보입니다. 작업을 다 진행하고 나면 또렷한 줄무늬가 나올 겁니다.

아래쪽에 약간 밝은 회색 양모를 심습니다.

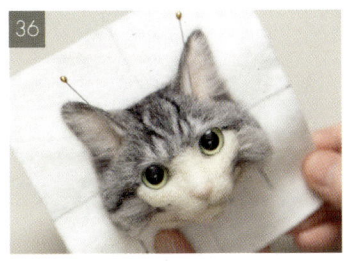

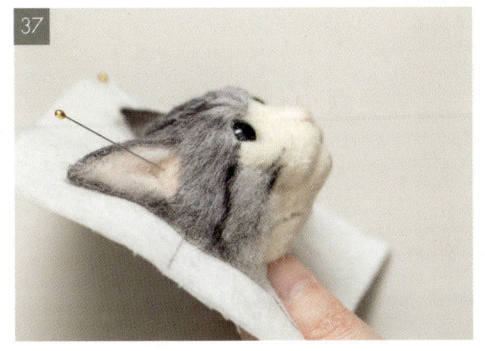

좌우 균형을 맞추어 털을 심었습니다. 고양이에 따라서는 좌우 무늬가 다른 고양이도 있으니 주의 깊게 살펴보는 것이 좋습니다.

옆에서 본 모습입니다. 작업 순서는 하얀 고양이와 똑같습니다. 무늬에 맞게 털 다발의 폭을 조절해 가며 심습니다.

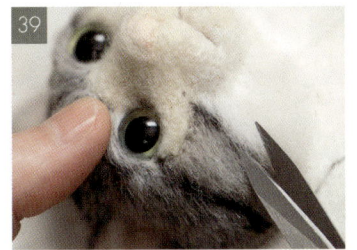

여기부터는 하얀 고양이와 과정이 똑같으니 하얀 고양이 만드는 법을 참조합니다. 양모가 잘 보이지 않을 때는 어두운색 천을 깔면 편합니다.

털의 색과 무늬가 자신이 의도한 대로 나왔는지 확인하면서 털을 다듬습니다.

주둥이 부근은 쉽게 두툼해지니 털을 다 심었다면 커브 가위로 짧게 자릅니다.

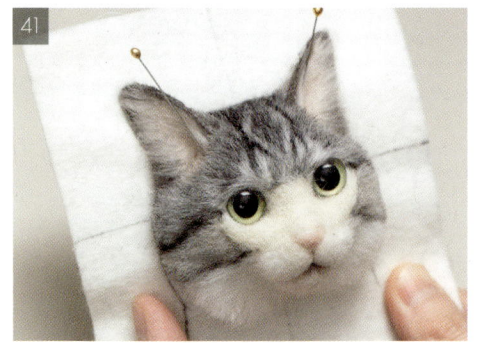

41

42

하얀 고양이와 똑같은 방법으로 코 아래에 털을 심었습니다. 털 심기는 자기가 작업하기 편한 순서로 해도 괜찮습니다.

사인펜으로 눈언저리에 들어갈 무늬의 밑그림을 그립니다.

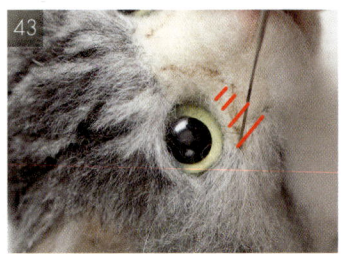

43

44

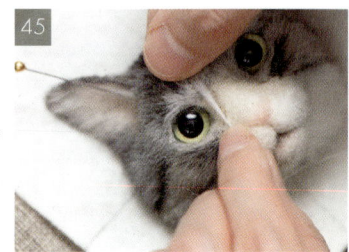

45

빨간 선을 참고하여 얼굴 바깥쪽으로 양모를 눕히면서 곧게 찌르기를 합니다.

뺨 부근은 털 다발이 두꺼워지지 않도록 양모를 소량으로 잡고, 참고용 사진을 보며 색을 조절해 심습니다.

눈머리에도 밝은색 양모를 소량 심습니다.

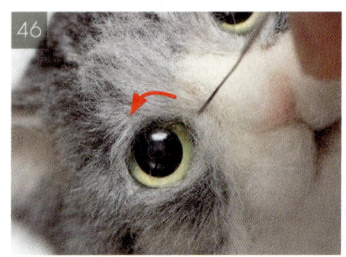

46

47

48

빨간 화살표를 따라 털이 눈꼬리로 향하도록 눕힙니다.

짙은 갈색 양모로 눈가에 아이라인을 새깁니다.

사진상 왼쪽이 아이라인을 새긴 눈, 오른쪽이 새기지 않은 눈입니다.

49

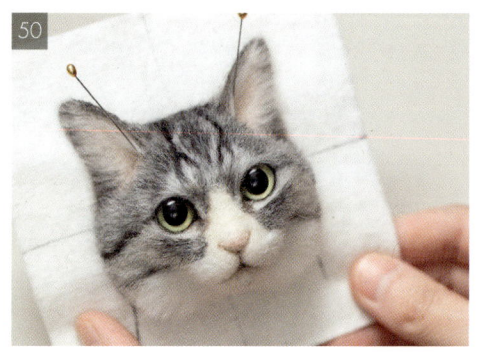

50

눈머리 앞에 잘게 찢은 양모(갈색에 흰색을 섞은 중간색)를 심어 음영을 넣습니다.

눈매와 표정이 또렷해졌습니다.

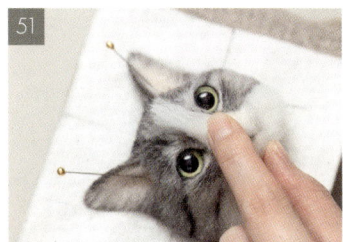
앞서 제작한 고양이들을 참고하여 눈과 눈 사이에 흰색 양모를 심습니다.

다 심었다면 여분의 털을 자르고, 눈썹 빗으로 빗어 자연스럽게 결을 정돈합니다.

주둥이 주변은 바늘 자국이 도드라지기 쉬운 곳입니다. 양모를 조금씩 덧대면서 가는 바늘로 얕고 촘촘하게 찌릅니다.

주둥이 주변이 예쁘게 마무리되면 인상이 확 살아납니다. 토대가 무르면 털을 깔끔하게 심을 수 없습니다.

몸 만들기

준비한 액자에 맞추어 몸의 크기를 정합니다(하얀 고양이 만드는 법 참조). 크기를 정했다면 토대를 만든 뒤 무늬의 밑그림을 그립니다.

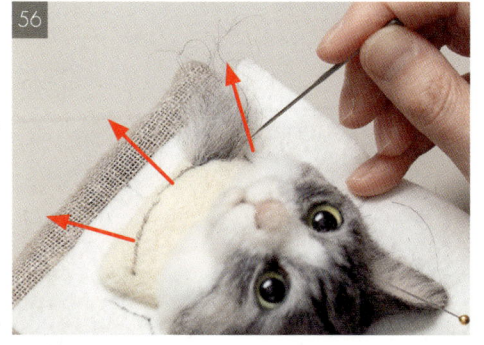
밑그림에 맞추어 회색 양모를 심습니다. 털이 화살표 방향으로 퍼지도록 양모를 높히면서 곧게 찌르기를 합니다.

회색 털을 한 줄 심었습니다.

액자 크기에 맞추어 털 아랫부분을 자릅니다. 옆부분은 밑그림에 맞추어 자릅니다.

털을 자른 모습입니다.

검은색 양모로 56의 작업을 반복하여 회색 털 위에 검은색 털을 심습니다.

검은색 털을 한 줄 심었습니다.

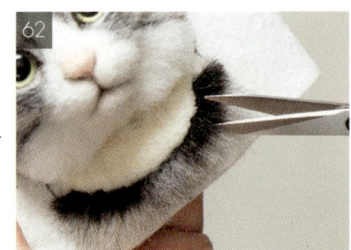
여분의 털을 자르고, 가위를 세로로 넣어 다듬습니다. 원하는 모양새가 나오도록 조절하면서 다듬어 줍니다.

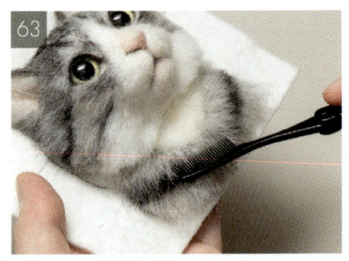
같은 방식으로 밝은 회색 털을 한 줄 추가하고, 눈썹 빗으로 불필요한 털을 떨어내어 말끔히 정돈합니다.

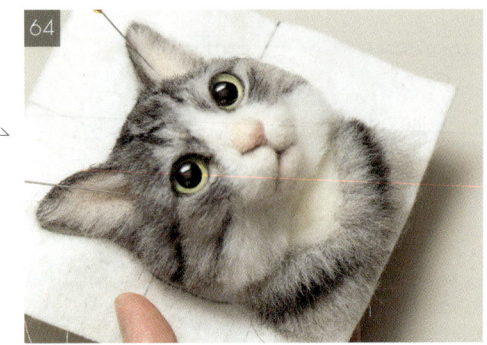
몸의 무늬는 정확하게 재현하기보다는 자연스러워 보이게 만드는 것이 좋습니다.

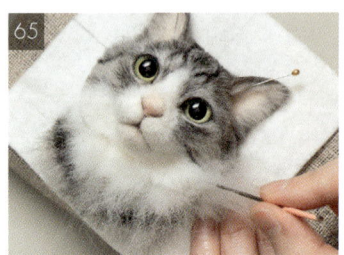
밝은 회색 털 위부터 턱 아래까지 흰색 양모를 곧게 찌르기로 쭉 이어 심습니다.

다 심었다면 도안지의 밑그림을 기준으로 털을 잘라서 얼굴선을 만듭니다.

커브 가위로 둥그스름하게 자르면 포동포동한 얼굴이 됩니다.

밑그림에 맞추어 몸의 윤곽을 다듬습니다.

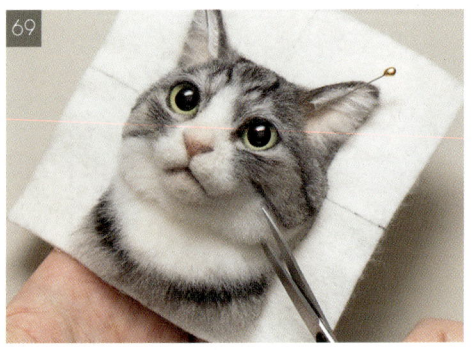
둥그스름하게 자르기가 어려울 때는 가위를 세로로 넣어 다듬습니다. 그러면 자연스럽게 얼굴과 몸의 경계선이 어우러집니다.

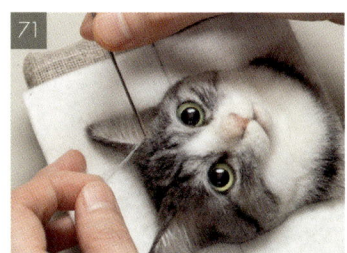

귀 안쪽의 분홍색 부분이 지나치게 많이 보인다면 고리 찌르기로 털을 추가합니다.

털을 조금씩 추가해 가며 원하는 모양새가 나오도록 조절합니다.

무늬가 잘 나왔는지 확인하고, 털을 추가하거나 다듬어서 전체적으로 정돈합니다.

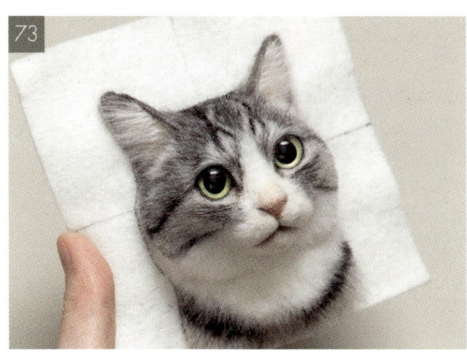

71에서 털을 추가해서 더 자연스럽게 완성된 모습입니다. 고양이를 액자에 넣은 뒤 재차 균형을 확인합니다.

장모 삼색이 Calico Cat

지금까지 소개한 방법을 사용하여 삼색 고양이를 만들어 봅시다. 실제로 있는 고양이를 모델로 삼아 비슷하게 만드는 것은 매우 어려운 작업이라 잘 풀리지 않을 수도 있지만 완성했을 때 드는 성취감은 큰 기쁨을 가져다줄 거예요.

사용한 양모·눈

흰색
검은색(흰색·검은색은 15페이지 참조)
심는 양모 스트레이트/552, 553
【하마나카】
메리노 울/너트【소메테이크】
메리노 울/흑설탕(Brown Sugar)
【소메테이크】
메리노 울/버팔로【소메테이크】
직접 만든 눈/12mm
※ 아크릴 물감으로 직접 그려서 만든 눈

방법을 조합하여 다양한 고양이를 만들어 보세요.

삼색이는 무늬가 복잡해서 어려워 보이지만 지금까지 소개한 지식과 기법으로 만들 수 있습니다. 제작 과정을 유심히 보면 알 수 있듯이 하얀 고양이, 장모 턱시도, 고등어태비에서 배운 방법을 조합해 만들거든요. 더욱이 여기에서 사용하는 양모의 색을 참고하면 브라운태비와 카오스 고양이도 제작이 가능하답니다. 이처럼 기본적인 방법을 조합하면 어떤 고양이든 만들 수 있어요. 여러분만의 소중한 '작품'을 꼭 만들어 보세요.

Model

캣플라자(네코리퍼블릭&가리야 동물병원)/후와(보호소 출신)

Point 1
동공을 좁게 만들면 표정이 단호해집니다. 제작에 익숙해졌다면 자신이 선호하는 크기를 찾아보세요.

Point 2
처음부터 무늬를 충실하게 재현하는 것이 아니라 처음에는 자잘한 무늬에 얽매이지 않고 대략적인 인상을 만드는 것이 중요해요!

Point 3
털을 아름답게 만드는 비결은 토대를 단단하게 뭉치고, 빗질을 정성껏 하는 것이랍니다. 늘 기본을 잊지 마세요.

장모 삼색이 Calico Cat
털 심는 순서

―― 곧게 찌르기·고리 찌르기   ―― 찔러 붙이기

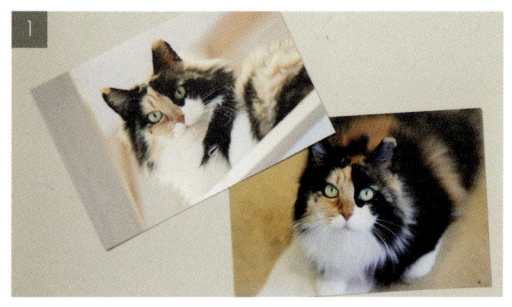

모델 고양이의 사진 준비하기

모델로 삼을 고양이의 사진을 준비합니다. '이 부분은 어떻게 생겼더라?' 하고 나중에 고민하지 않도록 여러 각도의 사진을 준비해 두면 편리합니다.

얼굴 주변에 털 심기

이마와 얼굴 옆면에 털을 심습니다. 바깥쪽에서 정면을 향해 5mm 간격으로 곧게 찌르기나 고리 찌르기를 하고, 한 줄을 다 심었다면 여분의 털을 자릅니다. 둥근 면에는 커브 가위를 사용합니다. 자른 뒤에는 가위를 세로로 넣어 다듬고, 눈썹 빗으로 빗어 정돈합니다. 이 작업을 반복합니다.

55 ~ 56페이지(털 심는 법 1 ~ 19) 참조

무늬 넣기

밑그림에 맞추어 2의 과정을 반복합니다. 검은색, 갈색, 두 색을 섞은 색 양모를 곧게 찌르기나 고리 찌르기로 얼굴 옆면과 정수리에 심으세요. 얼굴 옆면은 털 길이가 길고, 중앙으로 갈수록 짧아지게 작업하면 됩니다. 밑그림에 맞추어 색을 조절하면서 심어 주세요.

78 ~ 80페이지(장모 턱시도 5 ~ 25) 참조

코와 주둥이에 털 심기

잘게 찢은 양모를 코 모양에 맞추어 찔러 붙이기로 심습니다. 주둥이에도 잘게 찢은 양모를 얹고, 뺨 쪽으로 눕히듯이 찔러 붙입니다. 코 가장자리까지 심었다면 여분의 털을 코의 윤곽선에 맞추어 접고, 접은 부분을 찔러 붙입니다.

58 ~ 62페이지(털 심는 법 42 ~ 77) 참조

몸에 털 심기

털이 바깥쪽으로 퍼지도록 곧게 찌르기를 합니다. 털을 심고, 도안지의 밑그림에 맞추어 자르고, 가위로 숱을 치고, 눈썹 빗으로 빗기를 반복합니다. 턱 아래에도 곧게 찌르기로 털을 심은 뒤 얼굴과 몸의 연결부에 양모를 덧대고, 자연스럽게 이어지도록 찔러 붙입니다.

62 ~ 63페이지(털 심는 법 78 ~ 88) 참조

Wakuneco's Point

무늬가 있는 귀 만드는 법

삼색이처럼 귀까지 무늬가 있는 고양이가 있습니다. 이런 작은 부분에 각자의 개성을 표현해 봅시다. 색과 무늬를 바꾸면 다양한 고양이에 응용할 수 있어요.

귀 만드는 법(40페이지 ~)을 따라 사진과 같은 검은색 귀를 만듭니다.

마주 봤을 때 왼쪽에 있는 귀는 표시된 부분에만 무늬를 넣습니다. 오른쪽 귀는 왼쪽 귀와 대칭이 되게 작업합니다.

무늬의 특징을 세심히 관찰하고, 잘게 찢은 양모를 찔러 붙입니다.

무늬가 들어간 모습입니다. 세탁풀을 먹인 귀가 너무 단단할 때는 미지근한 물에 담가 문지르면 조절할 수 있습니다.

귀 바깥쪽 연결부에 귀와 똑같은 색의 양모를 곧게 찌르기로 심고, 이마에 연결합니다.

| Whiskers | ## 수염 만드는 법 |

작품에 수염을 달고 싶을 때는 고양이 수염처럼 보이는 소재를 찾아 자유롭게 붙여 보는 것이 좋답니다. 저는 고양이에게서 자연스레 빠진 수염을 사용하는데, 진짜 수염은 구하기 힘든 사람이 많을 거예요. 이상적인 소재를 찾지 못한 분들을 위해 수염을 직접 만드는 방법을 소개합니다.

사용하는 도구
양초
커터칼
매트

재료
플라스틱 봉 3mm
【타미야】

1. 플라스틱 봉의 가운데 부분이 촛불 위로 오도록 들고 빙글빙글 돌리면서 가열합니다.

2. 가운데가 흐물흐물해지면 촛불에서 떼어 좌우로 당깁니다. 천천히 살살 늘입니다. 요령을 파악하기까지는 연습이 필요합니다.

3. 뿌리의 두꺼운 부분을 조금 남기고 자릅니다. 토대에 꽂기 쉽도록 비스듬하게 자릅니다.

4. 수염의 길이를 가늠하여 자릅니다.

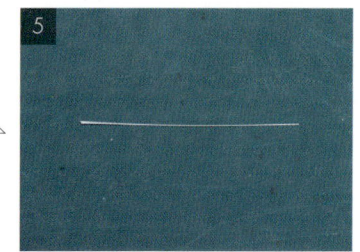

5. 자른 모습입니다.

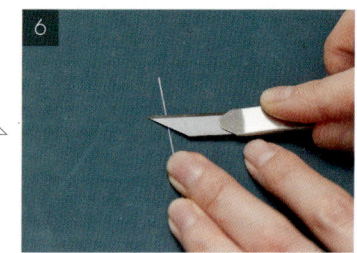

6. 끝이 가늘어지도록 커터칼을 눕혀서 깎아 줍니다.

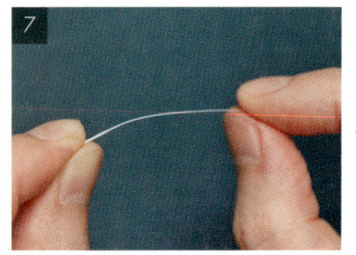

7. 손가락으로 여러 번 구부려 곡선을 만듭니다.

8. 수염과 비슷하게 구부린 완성된 수염 모양입니다. 필요한 만큼 만들면 됩니다.

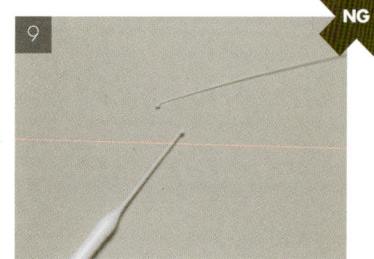

9. 실패 사례입니다. 세게 잡아당기면 중간에 똑 부러져서 끝이 동그랗게 굳어 버립니다.

Whiskers

수염 붙이는 법

수염을 붙일 때는 잡아당겨도 빠지지 않을 정도로 고정해야 합니다. 접착제로 붙이기 전에 자신이 보기에 가장 알맞은 위치를 확인하세요. '막상 붙여 보니까 안 붙이는 편이 더 귀엽네……' 라는 생각이 든다면 수염 없이 마무리하겠다고 판단하는 것도 중요합니다. 자기가 생각하는 귀여움을 추구하는 것이 좋아요.

사용하는 도구
핀셋
송곳
가위

재료
수염
접착제

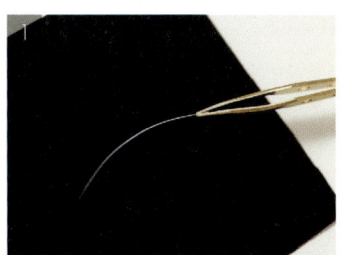
1. 바닥에 어두운색 천이나 종이를 깔면 수염을 분실하지 않을 수 있습니다.

2. 접착제로 붙이기 전에 임시로 수염을 올려 보고, 몇 가닥을 쓸지 정합니다. 액자에서 빠져나온 부분은 자르고, 길이도 가닥별로 조절합니다.

3. 수염을 토대에 꽂기 쉽도록 모근을 비스듬히 잘라 뾰족하게 만듭니다.

4. 완성된 모습을 떠올리며 수염을 미리 배열해 보고, 좌우 길이와 균형을 확인합니다.

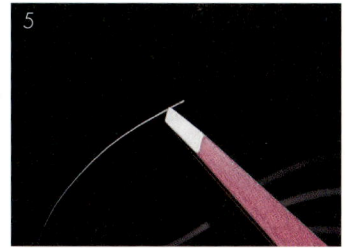
5. 수염을 토대에 꽂을 때는 모근에서 5mm 가량 떨어진 곳을 핀셋으로 잡습니다. 가운데를 잡으면 불안정해서 꽂을 때 힘이 들어가지 않습니다.

6. 시험 삼아 한 번 꽂아 보고, 잘 들어가지 않는다면 모근을 더 뾰족하게 자릅니다. 어려우면 가는 송곳으로 토대에 구멍을 내도 됩니다.

7. 균형을 살피면서 임시로 한 가닥씩 꽂습니다. 아직 접착제는 바르지 않은 상태입니다. 다 꽂았다면 전체적인 균형을 확인합니다.

8. 최종 확인을 마친 뒤 다시 한 가닥씩 뽑습니다. 접착제를 발라 고정하는 작업도 한 가닥씩 진행할 겁니다.

모근 끝에 접착제를 바릅니다.

접착제가 묻은 수염을 제자리에 꽂아 넣습니다.

수염이 떨어지지 않도록 밑동 뒤쪽에 송곳으로 접착제를 콕 찍어 바릅니다. 이렇게 하면 토대에 확실히 고정됩니다.

좌우에 네 가닥씩 수염을 붙였습니다. 잡아당겨도 쏙 빠지지 않는지 확인합니다. 수염의 개수는 자유이지만 최소한으로 붙이는 편이 예쁘게 보입니다.

Column 4

수염은 붙이는 편이 나은가요?

이 책은 구성상 수염 만드는 법과 수염 붙이는 법이 마지막에 나옵니다. 물론 여기에는 이유가 있어요.
제가 주문 제작을 할 때는 고양이의 빠진 수염을 보호자님에게 받아 작품에 붙이는 경우가 많습니다. 그렇지만 사실 저는 수염이 있어도 좋고, 없어도 좋다고 생각해요. 이 책의 표지를 장식한 고양이에게도 수염은 없답니다.
독자 여러분 중에는 마음에 드는 소재를 만나지 못했거나 수염을 붙여도 예쁘지 않을 것 같다고 느끼는 분도 아마 계시겠지요. 그런 경우에는 수염을 붙이지 않는 편이 완성도가 높아 보이기도 합니다.
이것은 수염에 한정된 이야기가 아닙니다. 작품을 제작할 때 무엇을 취하고, 무엇을 생략할지 결정하는 일 또한 창작의 한 과정이니까요.
참고로 저는 고양이의 눈 위에 난 수염(감각모)은 어지간히 개성적이지 않은 한 붙이지 않습니다.
눈동자가 가장 돋보이게 만들고 싶기 때문입니다.
"책에 이렇게 나왔으니까"가 아니라 자기 자신의 판단에 초점을 맞출 때, 제작자의 독자적인 "멋"이 우러난다고 저는 생각합니다.

▲ 수염이 있는 고양이

▲ 수염이 없는 고양이

Wakuneco Sachi's Works

와쿠네코 작품집

지금까지 제작한 고양이들은 저에게는 모두 애착이 가는 소중한 작품입니다. 처음부터 줄곧 변함없이 이어져 온 저의 이상(理想)은 '좋은 얼굴'을 만드는 것으로 여기에서는 저의 과거 작품 일부를 소개합니다. 107페이지부터는 제가 주문 제작으로 만든 네 마리의 와쿠네코를 보호자님의 글과 함께 소개할게요.

2017/12

2018/6

2017/3

2017/3

2021/9

2016/9

2017/3

2019/2

Wakuneco Sachi's Works

2021/9

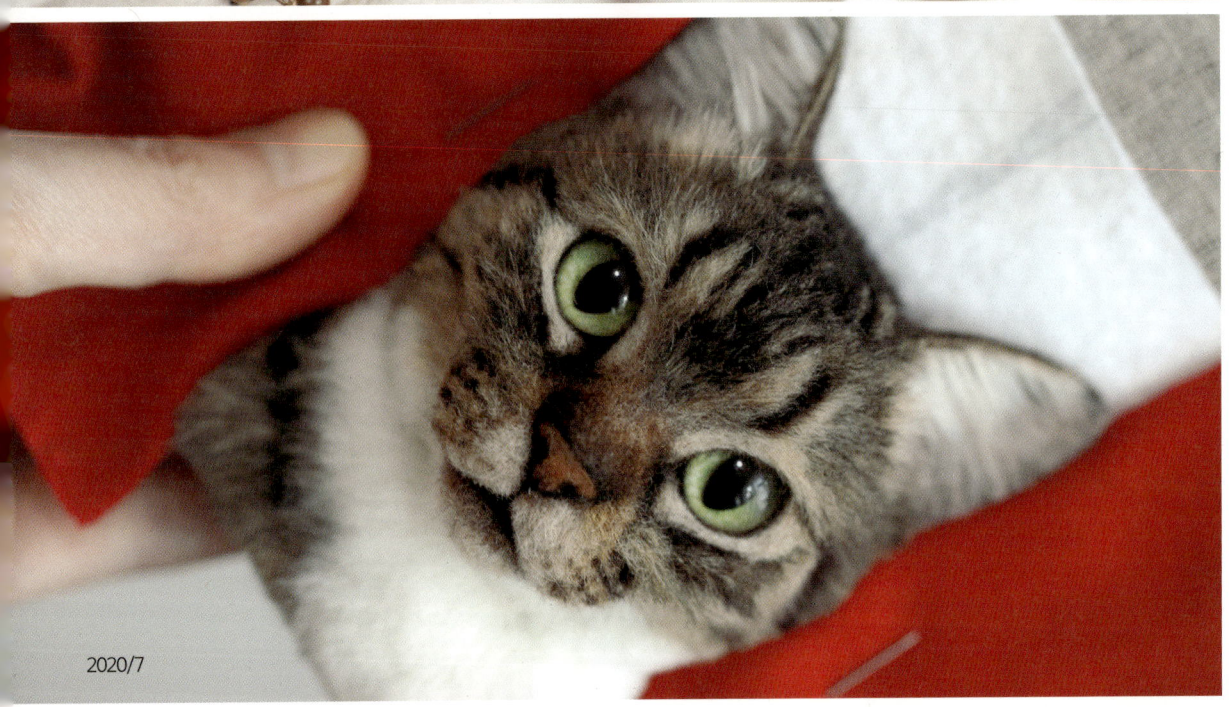

2020/7

2017/3

2017/1

Wakuneco Sachi's Works

2020/7 (위) 고 / (아래) 챠

사치의 한마디

2018년에 브라운태비 '챠'의 제작을 맡았습니다. 이후 함께 살던 '고'도 천국으로 여행을 떠났다는 소식을 듣고, 다시 와쿠네코 제작을 맡게 되었지요. '고'는 눈 수술을 받아서 양 눈의 각도가 약간 다르다는 특징이 있는데, 그 부분도 매력적으로 다가와서 사랑스러운 표정이 담기도록 과장하지 않고 신중하게 제작했습니다.

> **CASE 1**
> **보호자의 메시지**
>
> 작품이 도착하고, 상자를 연 순간 정신이 멍해졌습니다. 한 번, 두 번, 세 번, 네 번…… 몇 번을 보고 또 봐도 우리 아이 '그 자체'였어요. 기쁨과 놀라움과 안도감 뒤에 찾아온 평온함, 다시 한번 이 아이들과 만났다는 감동…… 만감이 교차해서 눈물이 멈추지 않았습니다. 어떤 마음으로 제작해 주셨을까요. 넘치는 대화로, 다가오는 자세로, 온 마음을 다해 주셔서 정말 감사드립니다. 소중한 '챠'와 '고'가 와쿠네코의 형태로 되살아나고, 많은 사람에게 우리 아이들 이름을 듣게 되어서 진심으로 행복합니다.

2021/2 미유

사치의 한마디

2021년에 넷플릭스의 《우리는 고양이 집사(We Love Cat!)》라는 다큐멘터리에 출연했습니다. 평소에는 사진을 분석해서 제작하는 방식이였는데 방송에 나온 것처럼 보호자님과 고양이를 직접 만나 제작하는 경험은 처음이었어요. 눈을 직접 그려서 만들었지만 아름다우면서도 그 아이다운 눈으로 완성될지는 미지수였습니다. 아름다움과 개성이 꼭 일치하지는 않으니까요. 그저 미유의 눈처럼 보이도록 최선을 다했습니다.

CASE 2
보호자의 메시지

'어느 각도에서 봐도 미유잖아!' 하고 깊이 감동했습니다. 특히 눈이 미유의 눈을 쏙 빼닮았어요.

액자를 두는 장소와 빛의 세기에 따라 표정이 이리저리 바뀌어서 '또 하나의 미유가 태어나 또다시 우리 집에 와 주었구나' 하는 신비로운 느낌이 들었습니다.

이렇게 굉장한 힘이 담긴 작품을 우리 집에서 맞이해도 되나 싶어질 정도로요.

와쿠네코 작가님은 제작하는 동안 미유에 대해, 미유와의 추억에 대해 자세히 물어보셨습니다. 작품을 볼 때마다 미유와 가족의 추억, 작가님과 대화한 날들이 떠올라요. 더없이 멋진 보물입니다.

앞으로 함께하는 날이 늘어날수록 우리 가족에게 든든한 마음의 버팀목이 되어 줄 것 같아요.

Wakuneco Sachi's Works

2021/10 블루

사치의 한마디

병으로 얼굴의 절반을 잃은 '블루'. '블루'를 떠올리지 않는 날이 없는데, 마지막 인상이 강렬해서 기억 속에서는 얼굴이 희미해졌다고 보호자님은 말씀하셨어요. 그런 보호자님께 아프지 않던 시절의 '블루'를 보내드리고 싶었습니다. 작품을 아이로서 맞이하는 기쁨은 주문 제작이 아니면 느낄 수 없는 마음이라고 생각해요.

CASE 3
보호자의 메시지

털의 색깔과 결, 눈에 있는 반점까지 완벽하게 재현해 주셨네요. 심지어 '블루'가 가장 귀여웠던 시절, 가장 귀여운 순간을 포착해서 만들어 주시다니 너무 감동적이였어요. 적은 사진과 동영상(촬영 당시의 휴대전화가 옛날 것이라 화질마저 좋지 않았어요)만 가지고 제작하셨는데도 완성된 작품을 봤을 때, 혹시 그동안 '블루'를 쭉 지켜보신 게 아닐까하는 생각마저 들었습니다. 와쿠네코 작가님은 '블루'와 한 번도 만난 적이 없는데 말이죠.
이렇게 작품 제작뿐만 아니라 보호자의 마음까지 어루만지는 훌륭한 작가님, 앞으로도 지금과 같이 많은 보호자들이 미소지을 수 있게 해 주세요.

Afterword
나오며

저의 주문 제작은 언제나 '음, 이번에는 어떻게 만들까?' 하고 구상하는 것부터 시작됩니다.
실재하는 고양이에게는 각기 다른 개성과 특징이 있어서 매번 '처음 만드는 고양이'일 수밖에 없기 때문입니다.
만드는 법도, 예시 작품도 없습니다. 그렇다 보니 단 하나의 작품에 어마어마한 시간을 들이게 됩니다. 생각처럼 되지 않거나 어떻게 해야 좋을지 몰라 멈추는 시간이 제작하려고 손을 움직이는 시간보다 압도적으로 길게 느껴지기도 합니다.
그래도 뒤돌아보면 끙끙거리며 작품과 씨름했기에 여러 가지를 발견했다는 생각이 듭니다.
이 책을 읽고 계신 여러분도 진지하게 좋은 작품을 만들려고 하면 할수록 생각대로 되지 않을 때의 괴로움이 있으셨죠? 하지만 그런 사람이 여러분만이 아니랍니다. 창작을 계속하는 한 시행착오를 겪는 나날은 계속되겠지요.
저는 '능숙한'보다 '따뜻한' 그런 작품을 만들고 싶습니다.
여러분이 만든 작품이 많은 사람들에게 미소로 가닿기를 기원합니다.

와쿠네코 니들 펠트 작가 **사치**

Wakuneco.® | 와쿠네코 니들펠트

YOMO FELT KARA UMARERU NEKO NO SHOZO 「WAKUNEKO」 NO TSUKURIKATA
© Wakuneco2022

First published in Japan in 2022 by KADOKAWA CORPORATION, Tokyo.
Korean translation rights arranged with KADOKAWA CORPORATION, Tokyo through ENTERS KOREA CO., LTD.

이 책의 한국어판 저작권은 ㈜엔터스코리아를 통해 저작권자와 독점 계약한 황금시간에 있습니다. 저작권법에 의하여 한국 내에서 보호를 받는 저작물이므로 무단전재와 무단복제를 금합니다.

니들 펠트로 제작하는 고양이 초상화
"와쿠네코" 만드는 법

지은이 사치
옮긴이 이해란
펴낸이 정규도
펴낸곳 황금시간

초판 1쇄 발행 2023년 10월 15일

편집 이후춘, 윤성미
디자인 정현석, 이승현

황금시간
Golden Time

주소 경기도 파주시 문발로 211
전화 (02)736-2031(내선 291~293)
팩스 (02)732-2036

출판등록 제406-2007-00002호
공급처 ㈜다락원
구입문의 전화: (02)736-2031(내선 250~252)
　　　　　팩스: (02)732-2037

구입 후 철회는 회사 내규에 부합하는 경우에 가능하므로 구입문의처에 문의하시기 바랍니다.
분실·파손 등에 따른 소비자 피해에 대해서는 공정거래위원회에서 고시한 소비자 분쟁 해결 기준에 따라 보상 가능합니다. 잘못된 책은 바꿔 드립니다.

ISBN 979-11-91602-42-5 (13630)

http://www.darakwon.co.kr
• 다락원 홈페이지를 통해 주문하시면 자세한 정보와 함께 다양한 혜택을 받으실 수 있습니다.
• 기타 문의사항은 황금시간 편집부로 연락 주십시오.